**rowohlts
monographien
herausgegeben
von
Kurt und Beate Kusenberg**

Johann Strauß (Sohn)

in Selbstzeugnissen
und Bilddokumenten
dargestellt von
Norbert Linke

Rowohlt

Dieser Band wurde eigens für «rowohlts monographien» geschrieben
Den Anhang besorgte der Autor
Herausgeber: Kurt und Beate Kusenberg
Assistenz: Erika Ahlers
Umschlagentwurf: Werner Rebhuhn
Vorderseite: Johann Strauß. Kohlezeichnung von Leopold Horovitz,
Bad Ischl 1896 (Sammlung Arnold Linke)
Rückseite: Namens-Chiffre, von Strauß selbst entworfen,
von der Rückseite seines Briefumschlags (Sammlung Arnold Linke)

Veröffentlicht im Rowohlt Taschenbuch Verlag GmbH,
Reinbek bei Hamburg, März 1982
Copyright © 1982 by Rowohlt Taschenbuch Verlag GmbH,
Reinbek bei Hamburg
Alle Rechte an dieser Ausgabe vorbehalten
Satz Times (Linotron 404)
Gesamtherstellung Clausen & Bosse, Leck
Printed in Germany
780-ISBN 3 499 50304 2

Inhalt

Johann Strauß Sohn

Die Ahnen
Strauß-Streim in den Wiener Vorstädten

Wer in Wien nach dem Geburtshaus von Johann Strauß (Sohn) forscht, wird im VII. Bezirk am Hause Lerchenfelder Straße 15 eine Gedenktafel finden: «An dieser Stelle stand das Geburtshaus ...»[1]* Im ersten Strauß-Dokument, dem Taufschein der damaligen Vorstadt-Pfarre St. Ulrich, heißt es, «daß von Herrn Johann Strauß, Musiklehrer, wohnhaft St. Ullrich 76, mit seiner Ehegattin Maria Anna Streim, Tochter des Herrn Josef Streim und der Anna, geborene Rober, beide katholischer Religion, Zeit ihres Ehestandes ein Sohn erzeugt worden ist, welcher den 25. Oktober 1825 geboren wurde und am Tage der Geburt von Hochwürden Herrn P. Heinrich [Enderle] ... die heilige Taufe empfangen hat und welchem der Name Johann Baptist beigelegt wurde»[2]. Einige Strauß-Forscher haben die Floskel «Zeit ihres Ehestandes ... erzeugt» allzu ernst nehmen wollen und die Heirat auf die Faschingstage im Januar 1825 verlegt. Zu dieser Zeit hatte der Musiker Johann Strauß allerdings mit der Gastwirts-Tochter Anna Streim bereits intime Kontakte.

Annas Vater Josef Streim betrieb in der nördlichen Vorstadt Thury das Bierlokal «Zum roten Hahn», in dem auch die Lanner-Musikkapelle spielte. Bei Lanner war Strauß Viola-Spieler, seinerzeit «ohne bestimmten Aufenthalt, elternlos»[3]. Als er von Anna erfuhr, daß sie schwanger sei, reagierte Strauß auf seine Art und stellte am 14. März – es war sein 21. Geburtstag – einen Reisepaß-Antrag («... nach Gratz und kaiserliche Staaten Verdienst zu suchen»[4]). Doch Annas Vater durchkreuzte diesen Plan. Er verpflichtete den beinahe fahnenflüchtig gewordenen «Landwehrmann bey Hoch- und Deutschmeister, Bataillon Nr. 2, Kompagnie Nr. 1, Kopf Nr. 39»[5] in Wien zu bleiben und seine älteste Tochter Anna zu heiraten. Vater Streim sorgte auch dafür, daß Strauß von «Musick-Productionen»[6] abließ und einem halbwegs anständigen Beruf nachging. Auf den Beruf eines «ausübenden Musiklehrers» einigte man sich nach längeren Verhandlungen vor dem Wiener Magistrat bei der Ehebewilligung vom 24. Juni 1825.[7]

In der Liechtenthaler Pfarrkirche (Schuberts Taufkirche) fand am 11. Juli die Trauung statt. Das junge Paar bezog daraufhin seine erste Woh-

---

* Die hochgestellten Ziffern verweisen auf die Anmerkungen S. 168f.

Anna Strauß, geb. Streim, die Mutter von Johann Strauß Sohn. Aquarell von J. H. Schramm, 1834

nung in der westlichen Vorstadt St. Ulrich Nr. 76, wo Johann Strauß Sohn, genannt «Schani», am 25. Oktober, morgens gegen 7 Uhr 30, geboren wurde. Noch am selben Tag trug die Bürstenmachers-Tochter Anna Kopplin als Patin den Erstgeborenen zur nahen Kirche St. Ulrich – vorbei am Geburtshaus des Handschuhmacher-Sohnes Josef Lanner. Dieser einstige Gefährte und spätere «Rivale» von Vater Strauß war ebenfalls in St. Ulrich getauft worden, und der reformerische Opern-Komponist Christoph Willibald Gluck («Orpheus und Euridike», «Alceste», «Paris und Helena») hatte sich hier vor 75 Jahren mit der Wiener Großkaufmanns-Tochter Marianne Perg trauen lassen. Im übrigen war St. Ulrich die Heimat-Kirche für die Familien Streim–Rober–Hartl (für die Strauß-Vorfahren mütterlicherseits).

Schanis Mutter, Maria Anna Streim, war am 30. August 1801 ebenfalls in St. Ulrich getauft worden. Hier hatte am Weihnachtstag 1800 der aus Nieder-Österreich zugewanderte herrschaftliche Kutscher Josef Streim die Maria Anna Rober geheiratet – Tochter des in St. Ulrich ansässigen Zuckerbäckers Martin Jean Rober und der Anna Maria Hartl. Auf dem bekannten Aquarell von J. H. Schramm wirkt die Mutter nicht nur

8

Johann Strauß Vater. Federzeichnung von Berndt

hübsch, sondern auch exotisch und sinnlich. Diese eigenartige Schönheit soll auf «fremdes Blut in ihren Adern» zurückgehen: «Ihr Großvater mütterlicherseits war ein Spanier gewesen und als Marquis und spanischer Grande sehr begütert.»[8] Eduard Strauß, der uns diese Vermutung mitteilt, läßt ihr eine umfangreiche Novelle folgen, voll von Abenteuern – mit Duell, Tötung, Flucht, Namenstausch und «Geheimnis». Zweifellos war diese Fabel tradiertes familiäres Erzählgut, das Schanis jüngeren Bruder Josef sogar zum Entwurf eines Dramas inspiriert hat. Doch die Fabel stimmt nicht. Die Großmutter Maria Anna Rober war nicht in Spanien geboren, sondern in der Wiener Vorstadt St. Ulrich. Und der erwähnte «spanische Grande» Martin Jean Rober kam am 10. Juli 1740 als Sohn eines Obsthändlers im luxemburgischen St. Niklas zur Welt.

In Neubau entstanden damals «die ersten eigentlichen Arbeiterviertel»[9] Wiens. Außerhalb der Altstadt war Neubau die größte Vorstadt Wiens – gefolgt von der Leopoldstadt im Nordosten und Wieden im Süden. Die meisten Musiker der Strauß-Kapelle wohnten hier im «VII. Bezirk» mit den damaligen Vorstädten Neubau, Altlerchenfeld, Schottenfeld, St. Ulrich und Spittelberg. Von Strauß' späteren Freunden wohnten hier der Opernkomponist Karl Goldmark («Die Königin von Saba») und der Maler Josef Kriehuber. In Neubau geboren wurden der Operetten-Komponist Carl Michael Ziehrer («Die Landstreicher», «Weaner Mad'ln»-Walzer) und der Militärkapellmeister Philipp Fahrbach senior («Im Kahlenberger Dörfel»). Als 1893 das Geburtshaus in der Lerchenfelder Straße abgerissen wurde, wanderte Schani «manchmal hinaus und stand lange still vor den Trümmern»[10]. Er mag an seine Mutter und an deren aus St. Ulrich stammende Vorfahren gedacht haben – Gestalten, die er allerdings nur aus Erzählungen kannte. Denn seine «Geschichte» des kindlichen Bewußtseins und des eigenen Erinnerungsvermögens beginnt erst mit dem 1829 erfolgten Umzug in die Leopoldstadt, die Vorstadt der Ahnen väterlicherseits: Geburtsstätte des Vaters und des Großvaters Franz Borgias Strauß; Wirkungsstätte auch des Urgroßvaters Johann Michael Strauß.

Um den 1720 in Ofen geborenen ungarischen Juden Johann Michael Strauß haben sich die Nationalsozialisten «verdient» gemacht; am 20. Februar 1941 strich das Berliner Reichssippenamt diesen Namen aus dem Trauungsbuch von St. Stephan (Wien).[11] Nur mit gefälschtem Ariernachweis glaubten die Machthaber den «Walzerkönig» der Masse präsentieren zu können. Selbst das Heimat-Klischee vom «Urwiener» wurde bemüht, um die Tatsache zu vertuschen, daß «fast alle Ahnenlinien sehr bald aus der Stadt hinausführten»[12]. In Wirklichkeit stammen die meisten Vorfahren aus Niederösterreich und aus Wiens näherer Umgebung, außerdem aus Ungarn, Luxemburg, Bayern, Mittelfranken und vermutlich Schlesien.

Aus Niederösterreich stammte auch die Jägerstochter Rosalia Buschin, die der zum katholischen Glauben übergetretene Johann Michael Strauß 1762 im Stephansdom heiratete. Seit 1764 als Tapezierer in der Leopoldstadt registriert, scheint er gute Verbindungen zu Musikern gehabt zu haben. Der Hofmusikus Philipp Louis bzw. der bürgerliche Orgelmacher Johann Adam Hemerle waren Taufpaten seiner beiden Söhne. Mit diesem recht bescheidenen Hinweis erschöpft sich bereits die Suche nach musikalischen Interessen in der Ahnengalerie der Strauß, Busch, Dollmann, Nießig, Streim, Staudinger, Rober und Hartl.[13] Sie alle waren Angehörige sozial niedriger und niedrigster Schichten. Sie wechselten häufig den Beruf, versuchten sich vornehmlich als Wirt, Bauer und Kutscher – ausnahmslos ohne zunftmäßige Ausbildung. Nur drei der über 30 ermittelten Ahnen von Johann Strauß erlangten däs Bürgerrecht. Einer von ihnen war der bürgerliche Bierwirt Franz Borgias Strauß, ältester Sohn des Juden Johann Michael Strauß.

Mit Schanis Großvater Franz Borgias eröffnen die meisten Strauß-Schriftsteller ihre Biographie. Franz Borgias, am 10. Oktober 1764 in der Leopoldstadt geboren, hatte relativ spät (am 23. Oktober 1797) die Kutscherswaise Barbara Dollmann geheiratet, am 26. März 1803 den Bürgereid abgelegt und im selben Jahr das Gasthaus «Zum guten Hirten» in der

*Das Geburtshaus von
Johann Strauß Sohn,
St. Ulrich Nr. 76,
Lerchenfelder Straße 15*

Floßgasse 7 (damals: Leopoldstadt Nr. 53) erworben. In diesem Haus
kam am 14. März 1804 Schanis Vater zur Welt. Eduard, Schanis Bruder,
beschreibt uns das Gasthaus als «Castell», an das sich «nach alten Chronisten allerhand Sagen»[14] knüpften. Dem sorgfältig recherchierenden
Chronisten kann Eduard aber nur diese beiden Sätze bieten: «Das Einzige, was die Familie über die Kindheit Johann Strauß' weiß, ist, daß der
Knabe Johann, wenn in der größeren der beiden Räumlichkeiten des
Wirtshauses Musikanten spielten, unter einen Tisch kroch, um ungese-
hen vom Vater den Musikanten zuhören zu können. Dermaßen äußerte
sich bei dem nachmaligen ‹Johann Strauß› frühzeitig sein Sinn für
Musik.»[15]

Die Musik scheint der einzige Freudenspender in der sonst trostlosen
Jugend Johanns d. Ä. gewesen zu sein. Von sechs Geschwistern starben
vier jeweils wenige Monate nach der Geburt. Johann verlor mit sieben
Jahren seine Mutter (sie starb an Schleichfieber) und mit zwölf Jahren
seinen Vater, der zur Zeit des Wiener Kongresses hochverschuldet war

11

und sich in der Donau ertränkte. Dem verwaisten Bierwirtssohn verschaffte eine solide Buchbinderlehre den notwendigen Rückhalt, bis er sich der Musik endgültig zuwenden und in rund 23 Jahren intensiven Wirkens als Musiker und Komponist zum ersten «k. k. Hofballmusik-Direktor» der Donau-Monarchie avancieren konnte. Daß dieser bemerkenswerte soziale Aufstieg nicht ohne Konflikte zu erreichen war – diese Tatsache verdüsterte Schanis Jugend; sie erwies sich zugleich aber auch als der stärkste Motor in der musikalischen Entwicklung Johanns d. J. zum genialsten Komponisten, den die sogenannte Unterhaltungsmusik aufzuweisen hat. Bei all diesen familiären und beruflichen Querelen stehen Schani und seine Geschwister doch schon auf gefestigtem Boden; sie können weiter aufbauen auf dem, was der Vater erworben hat.

Der Vater: «Ein Musiker von Gottes Gnaden»

Noch beinahe 40 Jahre nach dem Tode des Vaters konnte Schani schreiben, daß ihm *die Gestalt* des Vaters *klar und deutlich* vor seinem *geistigen Auge* stehe. Schani war dabei, die Klavier-Ausgabe des Gesamtwerks seines Vaters für den Verlag Breitkopf & Härtel einzurichten. Die *biographische Einleitung*[16] zu dieser pietätvoll betreuten Edition ist von größter Bedeutung für jegliche Einfühlung in die Psyche des Sohnes und für die Deutung seines eigenen künstlerischen Werdegangs. Denn Johann Strauß Sohn hat das vornehmlich von Ludwig Scheyrer übernommene biographische Material über den Vater recht frei bearbeitet. Nicht zuletzt hat er seine eigenen Probleme und Krisen hineinprojiziert.

Mein Vater war ein Musiker von Gottes Gnaden. Wäre sein innerer Drang nicht ein unwiderstehlicher gewesen, die Schwierigkeiten, die sich ihm in der Jugend entgegenstellten, hätten ihn gewiß in eine andere Bahn gedrängt.[17] Beide Sätze gelten ebenso für Schani selbst. Des Vaters *andere Bahn* sollte – nach dem Willen des Vormunds Anton Müller – die Buchbinderlehre sein. Am 5. Oktober 1817 war er zum Meister Johann Lichtscheidl ins Baron-Metsch-Haus auf der Taborstraße gekommen. Den ordnungsgemäßen Abschluß der Lehre hält das Innungsbuch der Wiener Buchbinder fest: «Den 13. Januar 1822 spricht Herr Lichtscheidl seinen Jung Johann Strauß frey; erlegt 3 fl.»[18] Wie sehr im übrigen der Vater sein Handwerk geliebt und auch später noch ausgeübt hat, wissen wir von mehreren Dutzend Exemplaren «Original-Walzer, von Johann Strauß eigenhändig geschrieben und eigenhändig gebunden»[19]. Doch Schani tischt uns die von Scheyrer erfundene und seitdem allzu unkritisch nachgedruckte Legende vom weggelaufenen Vater auf: *Vierzehn Jahre alt entlief er seinem Meister ... weil dieser seine heimlichen Violinestudien nicht dulden wollte. Die Flucht gerieth ihm zum Heil.*[20] Schani baut hier eine entlastende Projektions-Brücke zu eigenen Flucht- und Rauswurf-Erlebnissen: zur Flucht vor dem Privatunterricht beim Oberbuchhalter Ludwig Scheyrer und zum vorzeitigem Abgang vom Polytechnischen Institut. Schon Lanners Vater soll gewütet haben, als sein Sohn Josef 1815 aus dem Polytechnikum geflogen war. Daß es ähnlichen Krach um Schani im Hirschenhaus gegeben hat, wissen wir aus Eduards «Erinnerungen»[21]. So lassen Schanis Ausführungen über *Schwierigkeiten* und über den inneren unwiderstehlichen Drang zur Musik fast jedes Wort der *Flucht*-Fabel zur psychoanalytisch belangvollen Chiffre werden. Insbesondere die Hinweise auf *heimliche Violinestudien, regelmäßigen Musikunterricht* und verblüffende *Fortschritte* beziehen sich auf den eigenen künstlerischen Werdegang der Jahre 1843 und 1844.

Vor dem Freisprechungstermin kann der Vater nicht bei Lanner – und schon gar nicht beim bierseligen Michael Pamer – gespielt haben. Schanis Angaben zum Trotz kommen wir zu folgenden Datierungen. Im Laufe des Jahres 1822 tritt Strauß d. Ä. als Bratscher «ins Lannersche Sextett»[22] ein. Schon ein Jahr später trennt er sich von Lanner und verbindet sich mit den «bey hohen Herrschaften rühmlichst bekannten Gebrüdern Scholl» zu eigenen «vereinten Musick-Productionen», deren jährliches Einkommen der Strauß-Vormund Müller auf «beyläufig vierhundert Gulden in Metallmünze»[23] beziffert hat. (Nicht zufällig ist am 6. April 1873 im Wiener großen Musikvereinssaal das *Wohlthätigkeits-Concert zur Feier des 50jährigen Jubiläums des Bestehens der musikalischen Production Strauß*[24] gegeben worden.)

In der Ehebewilligung von 1825 leistet Strauß Verzicht auf «Musick-Productionen» und begnügt sich mit dem Beruf des «ausübenden Musiklehrers».[25] Doch ein Jahr später schon fühlt er sich an die Abmachung nicht mehr gebunden: *Er organisirte vorerst ein Quintett, aber nach kaum Einem Jahre zählte sein Orchester bereits vierzehn Mann.*[26] Nach Loewy[27] debütiert Strauß d. Ä. im Sommer 1826 mit einem Quartett. Tatsächlich erscheinen die Schubert-nahen «Döblinger Réunion-Walzer» op. 2 am 12. Februar 1827 als erstes Druckwerk bei Anton Diabelli in der Besetzung für drei Violinen und Baß. Weitere Quartett-Editionen folgen – bis

Der Kettenbrückensaal (Mitte) und das Diana-Bad (rechts) am Donau-Kanal

Johann Strauß Vater und Joseph Lanner. Lithographie von H. Gerhart

1832 (op. 53) sogar mit jeweils eigenen Titelblättern. Noch 1836 hat Strauß mit seinen Kollegen Georg Jegg, Karl Fux und Josef Romberger in dieser Besetzung gespielt.

Beim Strauß-Debüt im Sommer 1826 leben Beethoven und Schubert noch in Wien. Carl Maria von Weber ist gerade in London gestorben – ihm huldigt Strauß durch Übernahme eines «Oberon»-Motivs in den «Wiener Carneval-Walzern» op. 3. Im übrigen versucht Strauß, durch kompositorische Huldigungen sich bei Gastwirten beliebt zu machen: für das Landstraßer Glacis-Lokal «Zu den Zwey Tauben» entstehen die «Täuberln-Walzer» op. 1, für das Döblinger Etablissement Finger die «Döblinger Réunion-Walzer» op. 2, für den Kettenbrückensaal am Donaukanal die «Kettenbrücken-Walzer» op. 4. Diese haben einen so durchschlagenden Erfolg, daß der Gastwirt Michel Meier dem erst dreiundzwanzigjährigen Strauß die Musikproduktionen für den Karneval 1828 und 1829 anvertraut. Damit verbessern sich die finanziellen Bedingungen der Strauß-Familie grundlegend. Ein neuer Umzug wird fällig.

Ich hielt mich stets bey meinen Eltern auf, welche in St. Ulrich bei der Eul durch 1 Jahr, in Mariahilf beym Kreuz und beym Ritter durch 1 1/2 Jahre

15

wohnten und sodann in die Leopoldstadt überzogen, wo sie Anfangs zum weißen Wolfen 1 Jahr, beym Einhorn am Karmeliterplatz durch 2 oder 3 Jahre wohnten und sich in dem jetzigen Wohngebäude No. 314 durch 11 Jahre befinden.[28]

Diese Wohnungsliste, 1844 zu Protokoll gegeben, läßt Schanis späteren Sinn für Seßhaftigkeit und Wohnkultur verständlich erscheinen. Schani war erst acht Jahre alt, als seine Eltern bereits die sechste Wohnung bezogen. Von St. Ulrich zogen die Eltern 1826 mit dem Erstgeborenen in die südlich benachbarte Vorstadt Mariahilf, wo am 20. August 1827 Josef als zweiter Sohn zur Welt kam. Dann folgte Leopoldstadt – jene Vorstadt, die auf alle Tanzmusiker Wiens seinerzeit die größte Anziehungskraft ausübte. Etwa gleich weit entfernt von Innenstadt, Prater und Augarten suchten die Eltern und Verwandten nach einem passenden Domizil in der Nähe renommierter Lokale. Im Haus Nr. 31 («Zum weißen Wolfen») wird Anna als drittes Kind und als älteste Tochter am 22. Dezember 1829 geboren. Wenige Wochen zuvor war es Strauß gelungen, seinen Erzrivalen Joseph Lanner von der Stelle des Sperl-Musikdirektors zu verdrängen. «Sperls Fest-Walzer» op. 30 sind für das Debüt am 4. Oktober 1829 komponiert: mit ihnen scheidet Strauß aus dem Verlag Anton Diabelli & Comp. aus. Alleinverleger wird nun Haslinger. Der einstige Beethoven-Freund Tobias Haslinger bringt einen Tag nach dem Katharinenball (25. November 1829) die dort gespielten Charmant-Walzer «Des Verfassers beste Laune» op. 31 mit einem Strauß-Porträt heraus.

(Aus op. 31, Nr. 1)

Auf dem Porträt[29] blickt uns ein sehr ernster Strauß an – mit grobschlächtigem Kopf und fast plumpen Ohr- und Mund-Umrissen. Aber er hatte Erfolg; er wurde *binnen kurzem so populär, daß sich das tanzlustige Wien in zwei Partheien spaltete – die Lannerianer und die Straußianer –, deren jede auf das hitzigste für ihren Abgott eintrat. Zum Lobe der guten alten Zeit muß ich bemerken, daß dieser Kampf der Partheien die persönlichen Beziehungen zwischen Lanner und Strauß nicht zu trüben vermochte . . .*[30]

Eine Aufspaltung der Parteien in *die Lannerianer und die Straußianer* gibt es seit April 1828. Paganinis Sensations-Gastspiel in Wien inspiriert Lanner zu einem Potpourri (aufgeführt im Saal zum «Schwarzen Bock») und Strauß zu den «Walzern à la Paganini» op. 11 («Zwey Tauben»). Hier ist der Zulauf so enorm, daß Strauß viele Klavier-Auszüge absetzen und zum erstenmal Eintrittspreise fordern kann. Nun gibt es genug zu tun – auch für die Presse und für die Verleger. Chopin, der von November 1830 bis Juli 1831 am Kohlmarkt 9 wohnt, kann seinen ersten Walzer op. 18 nicht an den Mann bringen: «Haslinger hat die Veröffentlichung aller Manuskripte zurückgestellt und druckt nur noch Strauß. Alle Leierkästen spielen heute Strauß.»[31]

Vor allem der Sechs-Jahres-Vertrag[32] mit dem Sperl-Besitzer Johann Georg Scherzer verlangt Vater Strauß viel Arbeit ab. Nun muß noch mehr komponiert werden. Außerdem gilt es, mit dem Vierzehn-Mann-Orchester zu proben, Programme zusammenzustellen, Produktionen zu organisieren, Rechnungen zu schreiben und beinahe jeden Abend bis spät in die Nacht hinein zu geigen. *In welchem Maße sein Ruf und seine Popularität sowohl als Compositeur wie als Dirigent wuchsen, davon kann sich unsere nüchterne Zeit kaum einen Begriff machen. Die Jahre 1830 bis 1836, während welcher mein Vater die Musik beim «Sperl» leitete, werden in der Wiener Musikgeschichte unvergeßlich bleiben. Der Zulauf war ein enormer, der Jubel ein maßloser, und da mein Vater sich dazu bewegen ließ, Engagements auch für andere Vergnügungs-Etablissements anzunehmen, so verfügte er während des Faschings über eine Musikerschaar von ca. zweihundert Mitgliedern. Aus diesen wählte er sich ein Elitecorps – sein Stammorchester –, das er durch rastloses und gewissenhaftes Studiren auf eine solche Stufe der Vollkommenheit in seiner Art brachte, wie niemand bisher ein Privat-Orchester.*[33]

Die beruflichen Anforderungen sind dermaßen gewachsen, daß sich der Vater kaum noch um die Familie kümmern kann. Tante Ernestine, die um vier Jahre ältere Schwester von Johann Strauß, muß im Haushalt mit aushelfen. In der Kleinen Sperlgasse 9 (Nr. 255, Haus «Zum Einhorn») kommt Anna Strauß am 29. September 1831 mit Therese, der zweiten Tochter, nieder. Abermals ist die Wohnung zu eng geworden. 1833 werden dann endlich jene geräumigen Wohnungen im «Hirschenhaus» bezogen, die zum eigentlichen Hauptquartier der Tanzmusik Wiens werden sollten. Sie lagen ebenfalls am Karmeliterplatz – schräg gegenüber dem bisherigen Quartier und gegenüber der St. Josefskirche, in der die drei jüngsten Strauß-Kinder getauft worden sind. Hier wurde Ferdinand geboren, der jedoch schon nach zehn Monaten an «hitzigem Wasserkopf» starb. Dagegen überlebte der als sechstes Kind am 15. März 1835 zur Welt gekommene Eduard alle seine Geschwister: Erst 1886 verläßt er – als letzter der Sträuße – den langgestreckten Bau Nr. 314 (später: Taborstr. 17). Eduard hat eine genaue Skizze[34] von den vier Wohnpartien des ersten Stocks im «Hirschenhaus» gezeichnet: 19 der 27 Straßenfront-Fenster gehörten den Sträußen. Man verfügte über dreizehn Zimmer, vier Vorzimmer, drei Küchen, zwei Mägdezimmer, zwei Stiegen mit vier separaten Eingängen. Dem Vater gehörte eine eigene Wohnung mit Gang, Vorgemach, Empfangszimmer, Kabinett und Schlaf-/Arbeitszimmer. «Hier erwachten die populärsten Compositionen meines Vaters zum Leben, hier wurden sie auch zum erstenmale geprobt und aufgeführt: im Arbeits- und Schlafzimmer des Vaters waren die Instrumente placiert, nur Contrabässe, Posaune und Schlagwerk standen im Nebenzimmer.»[35]

Das «Hirschenhaus» in der Leopoldstadt. Zeichnung von Franz Gerasch

Wie komponierte Strauß d. Ä.? Und vor allem: wie wurde er zum Komponieren angeregt? Lanner soll *eines Morgens sich sehr leidend* gefühlt haben, *während für den Abend eine neue Walzerparthie angekündigt war, von der natürlich noch kein Takt existirte. Er schickte zu meinem Vater mit der einfachen Botschaft: «Strauß schauens daß Ihnen was einfallt».* – Am *Abend gelangten die neuen Walzer – selbstverständlich als Compositionen Lanners – zur Aufführung und fanden außerordentlichen Beifall.*[36] Schani zufolge soll der Vater auf diese Weise *zufällig sein Compositions-Talent* entdeckt und sich alsbald von Lanner getrennt haben, weil er nicht dulden mochte, seine Kreationen unter fremdem Namen veröffentlicht zu sehen. Hier handelt es sich abermals um eine oft nachgedruckte Legende. Tatsache ist, daß in Kritiken, Verzeichnissen und Skripten kein einziger Titel zu finden ist, der für die von Schani behauptete Unterschiebung in Frage käme. Im übrigen haben Lanners Kompositionen – von den «Neuen Wiener Ländlern» op. 1 bis zu den «Trennungs-Walzern» op. 19 – einen ganz anderen Stil und eine andere Instrumentation als die vergleichbaren ersten Kompositionen von Vater Strauß. Lanners Handschrift ist sauber; die Noten sind beinahe ohne Verbesserungen selbstbewußt hingesetzt. Anders die Strauß-Skripte, die in der Handschrift recht unsicher wirken und Korrekturen von fremder Hand enthalten.[37] Philipp Fahrbach[38] hat uns berichtet, in welchem Maße sich Vater Strauß noch im Fasching 1831 helfen ließ. War ein Walzer mit Bleistift skizziert, wurde sogleich die

Primstimme ins reine geschrieben. Fahrbach richtete danach die Flöten-stimme ein. Den Vorgang der «Arbeitsteilung» können wir so darstellen:

Von Strauß notiert:	Von Fahrbach eingerichtet:
Walzer-Skizze	
1. Violine	Flöte
Kontrabaß	Posaune
2. Violine	Viola
1. Klarinette	2. Klarinette
1. Horn	2. Horn
1. Trompete	2. Trompete
Pauken und Trommel	Kopie der Primstimme für den Dirigenten

Da nur Melodieführung, Baß, Harmonie-Aufbau und rhythmische Ak-zentuierung vom Komponisten festgelegt sind, leidet durch die Arran-gierhilfe vor allem die orchestrale Ausgewogenheit. Strauß hat das selber als Mangel empfunden und nach dem Bruch mit Fahrbach 1835 Unter-richt in Generalbaß und Komposition bei Ignaz von Seyfried, dem erfolg-reichen Bühnenkomponisten des Theaters an der Wien, genommen.

Wann hat Strauß zu komponieren begonnen? Wir kennen immerhin das Datum der frühesten Edition: Verleger Diabelli annoncierte die *Sie-ben Walzer in F* am 21. November 1825 in der «Wiener Zeitung» – zur Zeit der Musiklehrer-Tätigkeit, in der sich auch der Übergang vom Viola- zum Geigen-Spieler anbahnte. Strauß war seinem Rivalen Lanner lange Zeit im Geigenspiel unterlegen. Aber die stärkere dynamische Ausprägung und die immer wieder als «elektrisierend» empfundene Rhythmik von Strauß schufen spontane Kommunikationsbrücken zwischen Spielern und Hörern, zwischen Orchester und tanzendem Publikum. «Geht's tan-zen, i will's!» So scheint uns der herrische Strauß mit seinen Walzern zu gebieten, während der naivere, gemütlichere Lanner uns liebenswürdig auffordert: «I bitt' Euch, geht's tanzen!»[40]

Als der neunzehnjährige Richard Wagner im Theater in der Josefstadt Louis Hérolds «Zampa» hörte, begab er sich anschließend in die «unmit-telbar daran gelegene Tabagie», wo er «die gesamte Zuhörerschaft fast ersichtlich in Flammen» gesetzt fand. «Unvergeßlich blieb mir hierbei die für jede von ihm vorgegeigte Piece sich gleich willig erzeugende, an Rase-rei grenzende Begeisterung des wunderlichen Johann Strauß. Dieser Dä-mon des Wiener musikalischen Volksgeistes erzitterte beim Beginn eines neuen Walzers wie eine Pythia auf dem Dreifuß, und ein wahres Wonne-gewieher des wirklich mehr von seiner Musik als von den genossenen Getränken berauschten Auditoriums trieb die Begeisterung des zauberi-schen Vorgeigers auf eine für mich fast beängstigende Höhe.»[41]

Der große Tanzsaal im Etablissement Sperl. Aquarell von J. Wohlmuth

Den «Walzer-Tirannen Strauß»[42] hat im Sommer 1833 Heinrich Laube, der spätere Burgtheater-Direktor, eingehend charakterisiert. «Ein Abend und eine halbe Nacht beim Sperl, wenn er blüht in aller Üppigkeit, ist der Schlüssel zum Wiener sinnlichen Leben, das heißt: zum Wiener Leben.» In der Mitte des vom sogenannten Lamperl-Hirsch raffiniert beleuchteten Gartens sei das Orchester postiert. Von daher erklängen «die neuen Walzer, der Ärger unserer gelehrten Musiker, die neuen Walzer, welche gleich dem Tarantelstich das junge Blut in Aufruhr bringen». Strauß wirke zwar wie ein «Napoléon autrichien»; er führe jedoch keine Kriege, er jage vielmehr «die bösen Teufel aus unseren Leibern». Was Strauß da betreibe, sei im Grunde «moderner Exorzismus»[43]. Besonders die Strauß-Galoppe beeindruckten: «Das Orchester spielte diese Tänze mit einer solchen Präzision und in einem solch rasenden Tempo, daß der Ballgaffer häufig nicht mit sich einig wurde, was mehr anzustaunen sei, das Orchester oder das sich zu Tode hetzende Publikum.»[44]

In welchem Alter der junge Schani diese musikalische Raserei zuerst kennengelernt hat, wissen wir nicht. Zumindest bei den fast täglichen Proben im Hirschenhaus wurde er mit ihr fortlaufend konfrontiert. Die über 30 Galoppe des Vaters müssen ihn zugleich fasziniert und abgestoßen haben. Schani litt lange Zeit an einem Galopp-Trauma. Er wußte früh genug, daß er auf diesem Feld seinen Vater kaum einholen oder gar überholen konnte. Erst 1862, über zwölf Jahre nach des Vaters Tod, wird

Schani das Wagnis eingehen, seinen ersten Galopp[45] zu komponieren. Ganz anders drangen die prägnanten Melodien der Sperl-Walzer in das Gemüt des Sohnes ein. Schani war noch nicht einmal sieben Jahre alt, als er am Klavier die väterlichen Walzer-Melodien nachzuspielen begann. Die Improvisationen über Walzer-Floskeln stehen am Anfang der Komponisten-Karriere des jungen Strauß.

Treibhaus der Jugend

Im April 1826 hatten Schanis Großeltern Josef und Maria Streim für 1200 Gulden im nördlichen Salmannsdorf ein Häuschen mit Wiese, Garten und Weingarten gekauft. Hier verbrachte Schani in den Sommerwochen 1828 bis 1834 mit seinen Geschwistern und den Eltern herrliche Stunden. Das noch erhaltene Häusel (XIV., Dreimarksteingasse 13) wird heute von einer Gedenktafel geschmückt: «Hier hat ein großer Musikant, der ‹Meister Strauß› war er benannt, den ersten Walzer komponiert, und dadurch dieses Haus geziert.» [46] Im Häusel verlockte ein Tafelklavier den kleinen Schani zu musikalischen Experimenten. Mutter Anna, die sich auf die Gitarre «trefflich» [47] verstand, hat zwei der im August 1832 improvisierten Walzer notiert. Sie erschienen später mit ergänzter Klavier-Begleitung unter dem Titel *Erster Gedanke*. Schani ahmt hier Floskeln nach, die er bei den häuslichen Proben der väterlichen Kapelle aufgegriffen haben muß – unter anderem aus dem «Alexandra-Walzer» op. 56 (Nr. 1 und 2) und aus «Das Leben ein Tanz» op. 49. Folgende musikalische Merkmale treten hervor: das beinahe sture Festhakeln an wenigen Tönen, die langen und kurzen dissonanten Vorhaltstöne, zahlreiche Sequenzen (d. h. Melodie-Wiederholungen auf anderer Tonstufe), längere Auftakt-Anläufe und vor allem die rhythmische Asymmetrie (21 und 15 Takte). Bekanntlich hat der Vater – gegenüber dem Tanzmusik-Standard von 8, 16, 24 oder 32 Takten – in seinen frühen Walzern häufig auch 12, 14, 18, 20, 22 oder auch 21 Takte (wie in Schanis *Erstem Gedanken*) zugrunde gelegt. Häufig erscheint die rhythmische Struktur nervös gestört. Hector Berlioz bescheinigt dem Vater, «in die Walzer das Zusammenspiel verschiedenartiger Rhythmen» eingeführt zu haben. Seit dieser Zeit datiere in der Musik eine nahezu ausschweifende Begeisterung für den Rhythmus, die auch als «Befreiung des Rhythmus» [48] charakterisiert werden könne.

Unsere Notenbeispiele dienen dem Vergleich des *Ersten Gedankens* Walzer I) mit den mehr als 32 Jahre später komponierten *Hofball-Tänzen* op. 298 (Walzer V/I) – als ein Beleg für die bemerkenswerte Tatsache, daß der *Erste Gedanke* im späteren Schaffen immer wieder spurenartig auftaucht und als sublimiertes Kinderglück nachwirkt.

1832

1865 (op. 298)

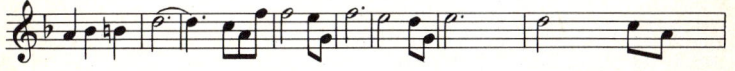

Das Jahr 1833 bescherte dem Achtjährigen zwei wichtige Erlebnisse: die erste ausländische Kunstreise des Vaters und den familiären Zusammenschluß zur Großfamilie Strauß-Streim. Außer Vater Strauß und Mutter Maria Anna lebten im Hirschenhaus die Kinder Johann, Josef, Anna, Therese (und später Eduard), ferner Tante Ernestine (die Vater-Schwester) und Tante Josefine (die Mutter-Schwester), die Großeltern Josef und Maria Streim. Nicht immer wird sich die gewünschte familiäre Harmonie eingestellt haben. Zuweilen zürnte Mutter Anna: «Nichts als Falschheit, Streit und Neid unter euch!»[49] Vater Strauß besaß seine separat zugängliche Wohnung und floh auch sonst das familiäre Zusammenleben. Weihnachten und Silvester verbrachte er lieber im Wirtshaus beim Glücksspiel als im Hirschenhaus. War ihm der Erfolg zu Kopf gestiegen?

Der außergewöhnliche Sperl-Ruhm hatte die Einladungen anderer Ballsaal-Besitzer vermehrt. 1831 übernahm Strauß die Leitung[50] der Ballmusiken am Kaiserhof. 1832 die Fronleichnams-Feierlichkeiten des Bürgerregiments. 1833 erfolgte die Aufhebung der Auslandsreisen-Sperre, die seit der französischen Juli-Revolution 1830 galt. *Und nun beginnen im Leben meines Vaters seine bald kürzeren, bald weiteren Kunstfahrten, die mit geringen Unterbrechungen bis zu seinem Tode dauern ... Jahr um Jahr wiederholte er diese Kunstreisen, in der Zwischenzeit rastlos musikalisch schaffend. Der Erfolgt blieb ihm stets treu ... Sein Ruhm und seine Beliebtheit zogen immer weitere Kreise. Er ward der typische Repräsentant jener Wiener Musik, die ihren Eroberungszug um die Welt vollführte und überall die Herzen höher schlagen machte und die Füße beflügelte.*[51] Von dem Satz *Der Erfolg blieb ihm stets treu* an kann alles ebenso auf Schani bezogen werden. Gleichzeitig klingt die kindliche Bewunderung nach, die dem Vater ob seiner glänzend organisierten Herbstreisen 1833 bis 1838, 1841 und 1844 bis 1847 galten.

Der 7. November 1833 (erstes Pester Konzert) ist ein historisches Datum: Johann Strauß d. Ä. war «der erste, der es gewagt [hat], mit Tanzmusik auf Kunstreisen zu gehen»[52]. Den Höhepunkt in der Karriere des Vaters bildet zweifellos die große Reise vom Oktober 1837 bis zum Jahresende 1838, die über Deutschland und Frankreich bis nach England, Irland und Schottland führt. Im London spielt Strauß anläßlich der Krönungsfei-

Schüler ziehen aus der Schotten-Kirche hinüber ins Schotten-Gymnasium

erlichkeiten von Queen Victoria. Beinahe alle großen «gelehrten Musiker» schlagen sich auf seine Seite – unter ihnen Schumann, Liszt, Auber, Meyerbeer, Cherubini, Mendelssohn, Wagner und Berlioz. Schumann äußert, daß es ebenso schwer sei, einen Ruhm zu gründen wie ihn zu erhalten. «Gepriesen seien aber die Meister – von Beethoven bis zu Strauß, jeder in seiner Weise!»[53] Überschwenglich huldigen die Musikkritiker dem «Mozart der Walzer», dem «Beethoven der Cotillions», dem «Paganini der Galoppe» und dem «Rossini der Potpourris».[54] Vor allem dem «Wiener Walzer» hat Strauß mit seinem Präzisions-Orchester eine Weltgeltung verschafft, wie sie kein Tanz zuvor – nicht einmal «die» Menuett im 17. und 18. Jahrhundert – besessen hat. Schani wird mit seinen Brüdern später auf diesem Erfolgsgrund weiterbauen können. Nur wenige Briefe schrieb der Vater während der großen Kunstreise an seine Familie. Doch von Freunden, von Verwandten der 22 Orchester-Musiker und aus Zeitungen erfuhr Schani fast täglich sensationelle Neuigkeiten. Kein Wunder also, daß die Phantasie des damals gerade ins Schotten-Gymnasium aufgenommenen Zwölfjährigen lebhaft angeregt wurde.

Schani soll die Elementarschule, unserer heutigen Grundschule vergleichbar, «mit gutem Abgangszeugnis absolviert»[55] haben. Vermutlich handelt es sich dabei um die landesfürstliche Pfarrschule St. Johann an der Praterstraße, die auch der jüngere Bruder Josef besucht hat. Der Lehrer Sebastian Hieß unterrichtete dort die Fächer Religion, Lesen, Schönschreiben, deutsche Sprachlehre, Rechtschreiben, Zifferrechnen und Aufsatz. Im übrigen wissen wir von Schani selbst: *Ich habe die vier Grammaticalklassen und zwei Jahre Technik absolvirt.*[56] Mit den *Grammaticalklassen* ist das Untergymnasium des von den Benediktinern geleiteten Schotten-Stifts gemeint, das Schani von 1837 bis 1841 besucht hat. Das Schotten-Gymnasium in der Innenstadt zählte seinerzeit zu Wiens prominentesten Schulen. «Der Unterricht wurde durch Klassenlehrer erteilt, die sich streng an die vorgeschriebenen Lehrbücher zu halten hatten.»[57] Unterrichtsfächer waren Religion, Latein, Griechisch, Geographie und Geschichte (als Doppelfach), Mathematik. Zensuren gab es ferner für «Sitten» und «Verwendung» (d. h. Leistungsvermögen). Schanis Zensuren-Listen[58] sind uns erhalten geblieben. Sein bestes Fach ist Religion, sein schlechtestes Latein. Während der großen Kunstreise des Vaters verbessert sich Schani – unter der alleinigen Obhut der Mutter – in beinahe allen Fächern. Den besten Zeugnis-Stand mit dreimal «Sehr gut» erreicht Schani allerdings zur Zeit der Rückkehr des Vaters. Da der Vater schwer erkrankt ist und keine regelmäßigen Einkünfte hat, muß Schani jetzt mitverdienen. Mit vierzehn Jahren wird er Chorsänger bei St. Leopold und ist als solcher von der Schulgeld-Zahlung befreit. Laut Klassenbuch-Eintragung hat er bis zum Sommer 1841 gesungen. Kurz vor dem sechzehnten Geburtstag dürfte er in den Stimmbruch gekommen sein. Im Frühjahr 1840 hat er sich gleich in drei Fächern um jeweils zwei Noten verschlechtert. Und im Sommer 1841 ist er sogar «ermahnt» worden. Die Schule war ihm plötzlich verleidet. Sein um beinahe zwei Jahre jüngerer Bruder Josef, «Pepi» genannt, saß in derselben Klasse. Ihm hatte Professor Berthold Sengschmitt sogar bessere Noten in Geographie/Geschichte, Griechisch und Latein gegeben. «Pepi» galt nun als begabter, sprachlich gewandter – eben: als zukünftiger Akademiker. «Edi» kommentiert den Schulabschluß beim Schotten-Gymnasium: «... Johann mit mäßigem, Josef mit gutem Erfolg.»[59] Und er fährt fort: «Nach vollendetem Untergymnasium schickte mein Vater Johann an die Polytechnik, und zwar an die dazumal bestandene commerzielle Abteilung des technischen Institutes. Der Chef eines großen Bankhauses hatte ihm für den entsprechend vorgebildeten Sohn [eine] Stellung zugesagt ... Da dieser an der Hochschule nicht fortkam, ja sogar wegen Singens während eines Vortrages ausgestoßen wurde (er wollte einem Collegen ein ihm vorgezeigtes Notenblatt vorsumsen, vergaß sich aber, und sang laut!), so ließ ihm der Vater durch den Oberbuchhalter der niederösterreichischen Sparcasse Ludwig Scheyrer Privatunterricht in den Rechnungswissenschaften erteilen. Johann aber war ohne jegliche Lust und Eifer für diese Fächer; er lernte nicht nur nichts, er machte sich auch einen Pfifferling daraus, den Lehrer stundenlang vergeblich auf sich warten zu lassen, und schwänzte die Stunden – man kann mit Fug und Recht sagen – nach Noten; denn sein Sinn war nur Musik!»[60] Scheyrer rächte sich auf seine Weise. In der 1851 veröffentlichten ersten Biographie des Vaters erwähnt er Schani mit keinem Wort ...

Der Vater sah seinen Erziehungsplan durchkreuzt. Seinen Söhnen wollte er die Künstlerlaufbahn schon deshalb ersparen, weil er aus eigener Erfahrung wußte, wie mühselig dieser Weg war. Er ließ seine Söhne lieber studieren. Johann aber wollte nicht. Die Relegation «wegen disziplinarwidrigen Benehmens»[61] hatte ohnehin den Zorn des Vaters geschürt. Daß Schani nun auch den Privat-Unterricht «schmiß», führte zu einem Zerwürfnis der Eltern und endete damit, daß der Vater aus dem Hirschenhaus auszog. Dies war freilich «bloß der letzte äußere Anstoß gewesen»[62]. Längst hatte der Vater sich innerlich aus der Ehegemeinschaft mit Anna gelöst. Als er das Hirschenhaus so spektakulär im Sommer 1843 verließ, hatte ihm die aus dem Mährischen stammende Modistin Emilie Trambusch bereits fünf Kinder geboren, von denen die Älteste damals schon acht Jahre alt war. In diesem Zusammenhang mag die Behauptung vom «heimlichen» Musikunterricht Schanis eher eine psychoanalytisch interessante Gegenchiffre zur heimlichen Zweitehe des Vaters sein. *Der Vater hat meine musikalische Karriere nicht gefördert, wie man annehmen könnte, sondern eigensinnig verhindert. Ich sollte der Musik fern bleiben ...*[63] Dieser Schutzbehauptung Schanis hat Bruder Eduard «aufs Entschiedenste»[64] widersprochen. Tatsächlich erhalten wir aus der autobiographischen Skizze Schanis ein differenzierteres Bild von seinem musikalischen Werdegang.

Mein Vater wohnte in einem besonderen Appartement, abgesondert von der Familie, wie das bei seiner anstrengenden Lebensweise kaum anders möglich gewesen wäre. Im Fasching beschäftigte er nicht weniger als drei Kapellen, er fuhr von der einen zur andern, dirigirte ein paar Nummern und überließ dann die Leitung dem Orchesterdirigenten. Natürlich nahm diese Thätigkeit einen großen Theil der Nacht in Anspruch. Und dann blieb er gewöhnlich noch mit guten Freunden sitzen. Er war zwar weder ein Trinker noch ein Raucher, aber in lustiger Gesellschaft weilte er gern. Da wurde es denn oft recht spät, und mein Vater schlief dann bis tief in den Morgen hinein. Der Tag war gleichfalls besetzt, eine Menge von Besuchern kam, und dann forderten die Kompositionen viel Zeit. Es ist ganz natürlich, daß er da ungestört sein wollte. Dadurch aber kam es, daß er selten eine Ahnung hatte, was in der Familie drüben geschah. Nun ließ er uns zwar Unterricht geben, mir und meinem Bruder Pepi – Eduard war damals noch zu klein – aber er glaubte, wir klimperten eben so schlecht und recht wie Dilettanten. Allein wir betrieben die Sache mit Passion, und ich darf wohl sagen, wir waren beide tüchtige Klavierspieler. Davon hatte er keine Idee.

Die Proben zu seinen Konzerten wurden in der Wohnung abgehalten, wir Buben paßten genau auf jede Note, wir lebten uns in seinen Chic ein, und zu vier Händen spielten wir dann nach, was wir erlauscht hatten, flott, ganz in seinem Geiste. Er war unser Ideal. Wir waren oft in Familien gela- den, bei Hohenblum, Hasenauer, Wissgrill etc., und da spielten wir denn unter großem Beifall aus dem Gedächtnisse die Kompositionen unseres Vaters.

Eines schönen Tages gratulierte ihm ein Bekannter – es war der Verleger Carl Haslinger – zu unseren Erfolgen. Er war nicht wenig erstaunt. «Die Buben sollen herüberkommen», entschied er kurz. Wir schlichen, nichts Gutes ahnend, in das Zimmer unseres Vaters. In kurzen Worten setzte er uns auseinander, was er gehört hatte, und befahl uns, ihm vorzuspielen. Er hatte ein aufrechtstehendes Klavier, wie sie damals gebräuchlich waren. Pepi erklärte, auf so einem Klavier könnten wir nicht spielen. «Was?» rief er uns zu. «Darauf könnt's Ihr nicht spielen? – Auch gut! Der Flügel aus der Wohnung soll her!» – Der Flügel wurde gebracht, und nun spielten wir, daß es eine Art hatte; alle Orchesterstimmen brachten wir zu Gehör. Lächelnd hörte uns der Vater zu, und man sah ihm das Vergnügen und die Rührung vom Gesichte ab. «Buben, das spielt Euch niemand nach.» Das war alles, was er sagte, aber zur Belohnung bekam jeder von uns einen schönen Bur- nus. Trotzdem wollte mein Vater nicht, daß wir uns berufsmäßig in der Musik ausbilden; auch die Mutter war nicht dafür. Doch die Liebe zur Musik hatten wir Buben von den Eltern ererbt, und das ließ sich nun nicht halten. In späteren Jahren begünstigte dann die Mutter selbst infolge ver- schiedener Umstände unsere Neigung.

Ich lernte auf eigene Faust Violine. Um meinen Lehrer aber bezahlen zu können, gab ich Klavierstunden, dem Sohne eines Schneidermeisters in der Leopoldstadt und einem etwa 13- bis 14jährigen Mädchen – Csihak hieß sie; sie wohnte mit ihren Eltern im Hirschenhaus. Vor etlichen Jahren habe ich sie in Ischl gesehen. Sechzig Kreuzer erhielt ich für die Stunde, damit bestritt ich meinen Violinunterricht. Nun sagte mir mein Lehrer, – es war des Vaters Primgeiger, Amon, der dadurch bald seine Stellung beim alten Strauß riskiert hätte – ich müsse immer vor dem Spiegel üben, um mir eine elegante Haltung und schöne Bogenführung anzugewöhnen, denn für je- manden, der sich exponiren müsse, sei Eleganz der Erscheinung unerläß- lich.

Na, ich befolgte diese Lehren getreulich. Eines schönen Tages stehe ich wieder vor dem Spiegel und geige darauflos, da thut sich die Thür auf, und herein tritt mein Vater. «Was?» schreit er, «Du spielst Geige?» – Er hatte keine Ahnung davon gehabt. Durch einen Zufall kam er damals darauf, daß ich Berufsmusiker werden wollte. Es gab eine heftige und recht uner- quickliche Szene. Mein Vater wollte von meinen Plänen durchaus nichts wissen.[65]

Wir erfahren hier, daß beide Elternteile gegen eine berufsmäßige Aus- übung der Musik waren, sich einer dilettierenden Betätigung aber nicht widersetzten. Der Klavierunterricht bei dem Tanzmusik-Komponisten

W. Plachy erfolgte sogar mit ausdrücklicher Billigung des Vaters. Plachy ließ Werke von Bach, Mozart und Beethoven studieren – Sonaten und Fugen. Daneben wurden Konzertstücke von zeitgenössischen Komponisten wie Franz Liszt, Sigismund Thalberg und Theodor Döhler geübt. Daß Schani über dem vielen Musizieren seine schulischen Verpflichtungen vernachlässigte, war bereits 1839 offensichtlich. Doch Musik war seine Leidenschaft: *Ich habe ... mich seit meiner Jugend mit Musik beschäftigt ...* [66] Als der Vater im Sommer 1843 das Hirschenhaus verläßt, bleibt keine andere Wahl.

Die Mutter stellt sich nun eindeutig hinter die Berufspläne ihres Ältesten. Schani ergreift seinerseits Partei für die Mutter: In *dem schweren Herzensstreite, worin sich die kindliche Liebe mit dem Rechtgefühle und der Dankespflicht keineswegs vereinigen läßt*, mögen *Sie theurer Vater noch die Welt ... diesen meinen unabänderlichen Entschluß mißbilligen, daß ich auch an der Seite meiner Mutter verbleiben werde.* Gestützt auf *die geringen Talente, deren Ausbildung ich nächst Mutter Natur meiner leiblichen Mutter verdanke*, gelte es, der schutz- und hilflosen Mutter *meinen geringen Dank mindestens durch die schwachen Kräfte in meinem Erwerbszweige abzutragen.* [67]

Gute Nacht Lanner! Guten Abend Strauß Vater!
Guten Morgen Strauß Sohn!

Am Karfreitag 1843 war Joseph Lanner überraschend an Typhus gestorben. Mit ihm hatte Vater Strauß seinen härtesten Wiener Konkurrenten verloren; zu Lanners populärsten Werken zählen: «Pesther Walzer» op. 93, «Die Werber» op. 103, «Nymphen-Galopp» op. 153, «Hofball-Tänze» op. 161, «Steyrische Tänze» op. 165, «Abend-Sterne» op. 180, «Hans-Jörgel-Polka» op. 194 und «Die Schönbrunner» op. 200. Seit dem Karneval 1840 hatten beide abwechselnd bei den Hof-, Kammer- und Kinderbällen gespielt. Um die Unterschiede im Temperament und im Stilbewußtsein dieser «Naturmusiker» stritten die Parteien der «Lannerianer» und «Straußianer» – auch über den Tod Lanners hinaus. Feuilletonisten wie M. G. Saphir («Der Wiener Volksgarten», «Der Humorist») und A. Bäuerle («Theater-Zeitung») hatten, natürlich gegen Sonderhonorierungen, abwechselnd das Lob des einen oder des anderen gesungen. Neben den «Dioskuren» Lanner und Strauß vermochte sich niemand länger zu halten, auch nicht die vorübergehend erfolgreichen Franz Morelly, Johann Faistenberger und Philipp Fahrbach (sen.).

Das Strauß-Elite-Orchester bekam noch mehr zu tun: in Schönbrunn, im Augarten, im Volksgarten, Odeon, Sofienbad-Saal, beim Dommayer in Hietzing, am Wasserglacis und immer wieder beim Sperl, auch auswärts in Baden, Helenental oder Gaden. Doch der Sohn wird dem Vater nur anderthalb Jahre die «Alleinregierung» in der Walzer-Stadt Wien überlassen. *Es galt nicht, wie feindliche Gegner wähnten, einen Ringkampf einzugehen mit den erprobten, weit überragenden Kräften eines der tüchtigsten Meister vom Fache ... Doch des neunzehnjährigen Jünglings Pflicht war es geworden, kein unnützes Mitglied in einem Familienschoße zu bleiben, dessen Oberhaupt und natürliche Stütze ein beklagenswertes Geschick seinem Wirken entrückt.*[68] Schani, von der Mutter zum neuen «Oberhaupt» im Hirschenhaus bestimmt, verteidigt sich mit dem *Hinweis auf seine in dem Treibhause zu früher Selbständigkeit erzogene Jugend, auf seine verlassene Mutter und auf die unmündigen Geschwister*[68].

Eine über zehn Jahre lange musikalische Betätigung kam nun der beruflichen Verpflichtung zugute. Schani hatte Walzer improvisiert, Klavierunterricht genommen, mit Josef vierhändig gespielt, als Chorsänger gewirkt und nicht zuletzt beim Subdirigenten der Strauß-Kapelle, Franz

Amon, Unterricht im Violinspiel erhalten. Diese Studien setzte er bei dem Hofopern-Violinisten und Ballett-Korrepetitor Anton Kohlmann fort. Obwohl der Unterricht nur ein Jahr gedauert hat, bestätigt Kohlmann im «Zeugniß» vom 18. Juli 1844, daß sein Zögling «ein guter Violinspieler sey» und «daß seine Compositionen viel Talent verrathen».[69] Kompositorisch unterwiesen wurde Schani von dem über 60 Jahre alten Böhmen Josef Drechsler, der seinerzeit Kapellmeister am Stephans-Dom war und eine recht buntscheckige musikalische Vergangenheit[70] hatte. In einer von Schani erhaltenen Generalbaß-Studie fällt uns die unerbittliche Systematik der Drechslerschen Methode auf (vgl. dessen «Harmonie- und Generalbaßlehre», Wien 1816). Ein modulatorisches Grundmodell (Neapolitaner, verminderter Septakkord, Dur-Dreiklang) muß auf allen chromatischen Stufen der Tonleiter und in allen Lagen ausgesetzt werden. Am 9. Juli 1844 bescheinigt Drechsler seinem Schüler eine «leidenschaftliche Vorliebe für dieses Studium» und «daß die Fortschritte, welche er in der Kunst gemacht nicht allein seinem Fleiße, als auch seinem angebohren Talente zuzuschreiben sind».[71]

Strauß hatte bis dahin *nie in öffentlichen Örtern, wohl aber in Privatzirkeln die Violine gespielt und jederzeit den Beyfall der Zuhörer erhalten*[72]. Nun sorgte Drechsler für das erste öffentliche Auftreten, indem er in der Kirche zu den neun Chören der Engel (I., Am Hof) Schanis Graduale *Tu*

Schanis Lösung einer Generalbaß-Aufgabe, 1844 gesetzt

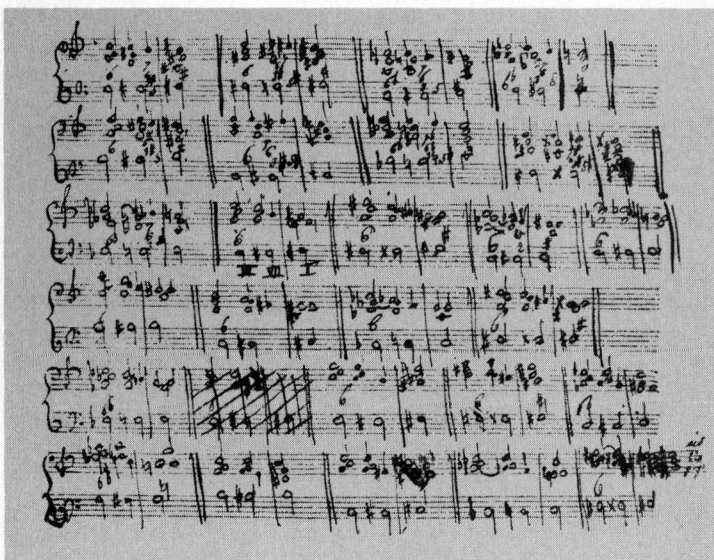

qui regis totum orbem für vier Singstimmen und Orchester zur Uraufführung brachte. Dieses Graduale steht zwar ganz in der Mozart-Tradition, verrät aber schon eine gediegene harmonische Durcharbeitung. Witterte der Vater die drohende Konkurrenz? In einem Gerichtsverfahren versuchte er jedenfalls, wieder verbrieften Einfluß auf die Erziehungs- und Berufsziele seiner minderjährigen Kinder zu erhalten. Am 31. Juli 1844 gingen gleich zwei Gesuche beim Wiener Magistrat ein: einmal das Ehescheidungsgesuch des Vaters, zum anderen die mündlich vorgetragene Anzeige von «Johann Strauß jun., daß er als Musik Director seinen Erwerb suchen wolle»[74]. Im zivilgerichtlichen Verfahren[75] kämpft Anna Strauß zwei Jahre lang engagiert um den Unterhalt der Kinder, läßt Sperl-Gagen beschlagnahmen und Uniformen pfänden. Im Gegenzug beantragt der Vater, zumindest den neunjährigen Eduard in ein Erziehungsinstitut einliefern zu lassen. Zunächst geht es jedoch um den Ältesten – ein Kampf, der nur fünf Wochen dauern und den der Vater gleich doppelt verlieren wird.

31

Josef Drechsler,
Schanis Generalbaß-Lehrer 1843/44

Am 3. August gibt Schani dem Magistrats-Beamten Oestreicher zu Protokoll: *Ich bin gesonnen, mit einem Orchester von 12 bis 15 Personen zu spielen, in Gastlocalitäten und zwar beym Dommayer in Hietzing, welcher mir bereits die Zusicherung machte, daß ich, sobald mein Orchester in Ordnung ist, dort Musikunterhaltungen abhalten könne. Die übrigen Localitäten weiß ich derzeit noch nicht zu bestimmen, glaube aber, daß ich hinreichend Beschäftigung und Verdienst erhalten werde.*[76] Ende August bestätigt zwar die Polizei-Oberdirektion den anständigen Lebenswandel des Antragstellers, verfügt jedoch: «Da der Bittsteller erst 18 Jahre alt ist, mithin noch unter väterlicher Gewalt steht, dürfte dessen Vater noch dießfalls einvernommen werden.»[77] Bei der entscheidenden Magistrats-Sitzung am 5. September verweist der Referent Rott auf die Zeugnisse von Drechsler und Kohlmann, die Gewähr für ein erfolgreiches Auftreten böten. Im übrigen sei «dieser Erwerbszweig eine freye Beschäftigung»[78] und bedürfe weder der Großjährigkeit noch der väterlichen Einwilligung. Darauf ergab sich mit neun Stimmen zu einer «das Conclusum per majorem» für die Bewilligung, «daß Bittsteller als Musikdirektor durch Leitung musikalischer Unternehmungen seinen Erwerb suchen»[79] könne.

Den Vertrag vom 8. Oktober unterzeichneten nicht weniger als 24 Spieler, die Schani in der Musikanten-Herberge «Zur Stadt Belgrad» am Josefstädter Glacis angeworben hatte. Es waren vornehmlich ledige, aus Wien oder aus den Vororten stammende Spieler im Alter zwischen 20 und 30 Jahren. *Die Unterfertigten Orchester Mitglieder verbinden sich, bey von*

dem Herrn Kapellmeister Strauß zu bestimmenden Proben und Productio-
nen zu den festgesetzten Stunden sich *pünktlich einzufinden und die ihnen*
übertragene Dienstesleistung mit Eifer und Fleiß zu vollziehen und zur Be-
förderung des größesten Erfolges nach ihren Kräften mitzuwirken.[80] Stö-
rungen verbittet sich Strauß; der Orchesterraum sei *mit der vor dem Pu-*
blikum erforderlichen Stille zu betretten und … zu verlassen. Spieler-Ver-
tretungen unterlägen der Bewilligungspflicht. Entlassungsgründe sind:
Erwiesene, wiederholte Dienstes Vernachlässigung, unruhiges Betragen,
oder Widerspenstigkeit gegen die Anordnungen des Herrn Kapellmeisters
Strauß, so wie der nicht zu gewärtigende Fall der Trunkenheit eines Orche-
ster Mitglieds …[80]

Wie man sieht, wußte sich Schani Respekt zu verschaffen. Innerhalb
nur einer Woche schulte er das Orchester so weit, daß es sich an die Öffentlichkeit wagen konnte. Dort, wo sich heute das Parkhotel Schönbrunn (XIII., Hietzinger Hauptstr. 10–14) befindet, hatte 1833 der Wiener Kammacher Ferdinand Dommayer einen imposanten Bau mit Kasino
errichten lassen. Dieses genoß einen guten Ruf – nicht zuletzt wegen seiner vorzüglichen Küche. Damals gelangte man mit Pferde-Fuhrwerken
zu Dommayers «Elite-Bällen» im Kasino am Schönbrunner Schloß-Park.

Dommayers Casino in Hietzing. Zeichnung von Raulino

Schani ließ folgende Ankündigung in die «Wiener Zeitung» vom 12. Oktober 1844 setzen: *Einladung zur Soirée dansante, welche Dinstag am 15. October 1844, selbst bey ungünstiger Witterung in Dommayer's Casino in Hietzing Statt finden wird. Johann Strauß (Sohn), wird die Ehre haben, zum ersten Mahle sein eigenes Orchester-Personale zu dirigiren, und nebst verschiedenen Ouverturen und Opern-Piecen, auch mehrere seiner eigenen Compositionen vorzutragen. Der Gunst und Huld des hochverehrten Publicums empfiehlt sich ergebenst Johann Strauß jun.* [81]

Neben vorbereitenden Presse-Berichten bescherten Mundpropaganda und Neugier dem Dommayer ein übervolles Haus. Über das «Sensationsereignis» [82] berichtet Adolf Bäuerle am 17. Oktober 1844 in der «Wiener Theaterzeitung»: «Der junge Direktor, der auch zugleich als Compositeur auftrat, wurde bei seinem ersten Erscheinen mit rauschenden Zeichen des Wohlwollens und der Aufmunterung begrüßt, und seine Kompositionen: *Gunstwerbe-Walzer*, *Quadrille*, *Polka* und *Sinngedicht-Walzer*, letztere in vorzüglichstem Maße, hatten sich des lebhaftesten Beifalls zu erfreuen, so zwar, daß sie sämtlich mehrmals zur Wiederholung verlangt wurden, welche Ehre den *Sinngedichten* vielleicht fünfmal zuteil wurde. Sämtliche Kompositionen sind in jenem charakteristischen Stile geschrieben, welcher die Straußschen Tanzweisen so unwiderstehlich und

Titelblatt der «Sinngedichte»

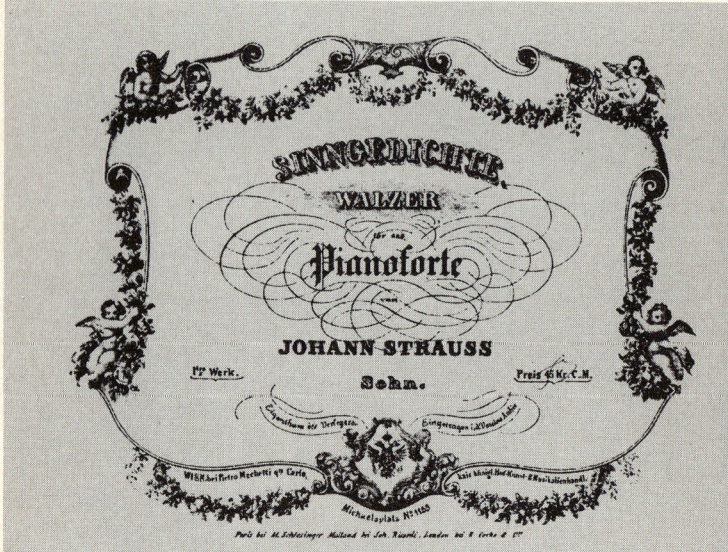

beliebt macht, und auch in Beziehung der effektvollen Instrumentation ist des Vaters Einfluß nicht zu verkennen.»[83]

Bei der begeisterten Menschenmenge konnte natürlich «vom Tanzen gar keine Rede sein»[83]. Mancher mußte, wie der Dichter J. N. Vogl («ein großer Festabend für die Wiener Tanzwelt»[84]), «unsoupiert» nach Hause gehen. Von «Gaumenkitzel» im doppelten Sinn des Wortes sprach dagegen der fünfzigjährige Pianist und Beethoven-Schüler Ignaz Moscheles; ihm mundete «die vortreffliche Tanzmusik des jungen Strauß» derart, daß ihm gar «das Essen im Leibe tanzte».[85] Nach Saphirs «Humoristen» soll Vater Strauß «Walzertränen geweint haben, Mutter Strauß soll bis zum Galopp gerührt und Sohn Strauß über sich außer sich vor Freude gewesen sein»[86]. Von derartigen Witzeleien und Veralberungen hat vor allem der Schlußsatz des Humoristen Franz Wiest einige Berühmtheit erlangt: «Gute Nacht Lanner! Guten Abend Strauß Vater! Guten Morgen Strauß Sohn!»[87]

Wie stellt sich Schani kompositorisch zu seinen Vorgängern – zum Beispiel in den *Sinngedichten* op. 1? Dem Vorbild des Vaters folgt er in der 44 Takte langen «Einspielintroduktion» (E. Schenk) mit der vorbereitenden melodischen Einführung. Vom Vater übernommen sind im Gegenwalzer (I,2) der Anfangs-Effekt mit dem verminderten Sept-Akkord[88] sowie die nachfolgenden Triller und Verzierungs-Girlanden auf unbetonten Taktteilen. Im übrigen wird die Form mit fünf Walzer-Paaren erfüllt – seit 1829 Standard (vgl. des Vaters «Hietzinger-Reunion-Walzer» op. 24). Im «Finale» dagegen folgt Schani dem Vorbild Lanners. Wo der Vater sich mit der Wiederholung weniger Walzer zu begnügen pflegt, komponiert der Sohn eine ausgedehnte, 144 Takte lange Coda mit planvollen Modulationen und mit der rückläufigen Wiederkehr markanter Themen, ähnlich wie bei Lanner. Unverkennbar ist auch zu Beginn des ersten Walzers der Anklang an Lanners «Schönbrunner» op. 200, die ja im Dommayer uraufgeführt worden waren. (Im Dommayer fand überhaupt Lanners letzter Auftritt statt.)

Aus Lanners op. 200

Strauß op. 1

Fast zu ängstlich klammert sich der junge Strauß an das Sechzehn-Takte-Schema, das für alle zehn Walzer gilt. Doch er versucht zu charakterisieren und jeden Walzer mit individuellem Gestus zu erfüllen. Da gibt es lachende, seufzende, laufende, stotternde und wiegende Passagen. Diese teilen sich dem Hörer ebenso spontan mit wie die programmierten Atmungs- und Bewegungsprozesse, das heißt die bewußte Ausbreitung und Dehnung von Formgliedern. Strauß geht in seinem Opus 1 von ein- und zweitaktigen Sequenzen aus (I,1+2), dehnt dann zur Vier- (III,1) und gar Sechstaktigkeit (Ende von IV, 1), um wieder zur Kurzatmigkeit zurückzukehren. Diese kompositorische Strategie folgt eher psychologischen und aktual-genetischen Regeln des erfahrbaren Lebens als akademischen Ästhetik-Regeln.

Wer die Ästhetik-Regeln von Kompositionslehren bemüht, wird bei Strauß schnell herausfinden, daß sie entweder sehr frei gehandhabt oder überhaupt außer Kraft gesetzt sind. Beim Vergleich der Melodie- und Baßtöne können wir feststellen, daß praktisch jedes Intervall kombinierbar geworden ist. Ein neuer Geist des bewußten Schöpfens «aus dem Vollen» wird bereits in dieser Walzer-Folge *Sinngedichte* erkennbar. Und dieser Geist, mit dem «sich Strauß-Sohn als rechter Erbe Franz Schuberts» [89] erweist, zwingt dem Nacheinander von Walzern einen übergeordneten Zusammenhang auf. Schon im ersten Walzer führt uns Strauß junior in einer Art von melodischer Explosion eine raumgreifende gestische Linienführung vor, die zukunftsträchtig werden sollte. Bäuerle fand dafür Ausdrücke wie «elektrisch» und «unwiderstehlich». [83] Der Witzbold Wiest ging noch weiter; er behauptete, die *Sinngedicht-Walzer* habe man beim Debüt gleich nachsingen können; morgen würden sie die Drehorgel-Spieler bringen und «übermorgen wird Strauß Sohn im Munde des Volkes leben» [87]. Prophetie?

Der Wettstreit zwischen Vater und Sohn

Nach dem gelungenen Debüt spielt der junge Strauß mit seinem Orchester unter anderem in Lindenbaums Kasino zu Simmering (19. Oktober «außerordentliche Soirée»), wieder bei Dommayer (20. und 22. Oktober), in Wagners Prater-Kaffeehaus (31. Oktober), im Leopoldstädter Theater (5. November Benefiz-Vorstellung J. Schaffer), ferner im Kasino Zögernitz (Döblinger Hauptstraße) und in den «Sträußel-Sälen» neben dem Josefstädter Theater. Auch ein Verleger interessiert sich für seine Werke: nur wenige Monate nach dem Debüt erscheinen die Walzer *Sinngedichte* op. 1 und *Gunstwerber* op. 4 sowie die *Debut-Quadrille* op. 2 und die Polka *Herzenslust* op. 3 mit hübschen Titelblatt-Kupfern bei der k. k. Hofkunst- und Musikalienhandlung Pietro Mechetti am Michaelerplatz. *Die Sachen machten unerwartetes Furore, aber mein Vater hat nichts davon gehört, nichts hören wollen.*[90] Das sollte sich bald ändern. Bäuerle, Herausgeber der «Wiener Tageszeitung», schreibt: «Der junge Strauß gewinnt täglich mehr die Gunst des Publikums. Seine Kompositionen gefallen, sein Vortrag derselben wird stets mit Applaus aufgenommen ... Das Orchester des jungen Strauß ist recht gut, die Stücke, welche er produziert, sind gewählt; was will man noch mehr! Für den Karneval 1845 ist daher bestens gesorgt, und die schönen Wienerinnen haben nun die Aussicht, nach zwei Straußschen Geigen tanzen zu können.»[91]

Nun fühlt sich der Vater alarmiert; er verstärkt seine Aktivitäten. Allein im Karneval 1845 tritt er bei 76 Bällen auf. Mit Philipp Fahrbach (Deutschmeister-Kapelle) schließt er sich zu Großveranstaltungen im Odeon, auf dem Wasserglacis und andernorts zusammen. Das eigene Orchester erweitert der Vater von 30 auf zuweilen 220 Mann, um mit geteilten Formationen allabendlich auf mehreren Bällen präsent zu sein. «Ein neuer Beweis, daß Strauß noch immer der auserwählte Liebling der Wiener ist», heißt es in einer Zeitungsnotiz; «und wenn auch noch so viele neue Musikdirektoren auftauchen, so wird Strauß Vater doch nie aus der Mode kommen.»[92] Derlei Berichte sind freilich «bestellt». In einem Schreiben vom 19. Februar 1845 dient sich der Vater dem Herausgeber der «Wiener Zeitung» an («... beykommende Kleinigkeit ... Ihnen ergebenst überreichen zu dürfen»[93]). Am 26. Juni versucht er auch Adolf Bäuerle für sich einzunehmen («beeile ich mich nach Kräften Ihnen die-

nen zu wollen, wenn anders die Summe von 150 fl. CM Ihnen conve-
nirt»[94]). Es «convenirte» eigentlich immer, zumal sich Bäuerle auch von
der anderen Seite «unterstützen» ließ. So schrieb er über ein Tanz-Fest
vom 5. Juli im Sperl: «Strauß Sohn spielte zum ersten Male ganz neue
Walzer, *Jugend-Träume* (op. 12) betitelt. Welcher Art sind Strauß Sohns
‹Träume›? – So lieblich, so zart, so duftig, so anmutig, jetzt so schwärme-
risch ausgelassen, dann wieder weich, sehnsüchtig, bald lustig aufsta-
chelnd, bald herzlich und innig, so daß sie von Takt zu Takt, von Note zu
Note, mit dem donnerndsten Applaus begleitet und mit Jubel sechsmal
zur Wiederholung verlangt wurden.»[95]

Am 20. Juli erobert Schani ein weiteres «Stammlokal» des Vaters, in-

In Großveranstaltungen versucht der Vater,
den Sohn auszustechen, 1845

Außerordentliches Fest
im
k. k. Volksgarten

welches

heute Dinstag den 17. Juni

bei großer Illumination, zur Benefice des Kapellmeisters

J. Strauss

Statt findet.

Der Unterzeichnete gibt sich die Ehre, einen hohen Adel und das geehrte Publikum hierzu ergebenst einzuladen. — An diesem Abende wird er nebst den beliebtesten Tonpiecen auch neue
Walzer, betitelt:

Sommernachts-Träume

zum ersten Male vorzutragen die Ehre haben.

PROGRAMM

der übrigen vorkommenden Musikstücke, welche der Unterzeichnete mit seinem Orchester vorzutragen die Ehre haben wird.

1. Ouverture zur Oper: Don Pasquale von Donizetti.
2. Flora-Quadrille von Strauß.
3. Eunomien-Tänze von Strauß.
4. Ouverture zur Genueserin von Lindpaintner.
5. Odeon-Tänze ‹ Strauß.
6. Variationen für die Flöte von Fürstenau.
7. Haimonskinder-Quadrille von Strauß.
8. Oesterreichische Jubelklänge von Strauß.
9. Ouverture zur Leonore in (C) v. L. v. Beethoven.
10. Melodische Ländeleien, große Fantasie von Strauß.
11. Sommernachts-Träume (neue Walzer) von Strauß.
12. Finale aus den Ghibellinen von Mayerbeer.
13. Marianka-Polka von Strauß.
14. Faschings-Possen (Walzer) von Strauß.

Die Musik-Kapelle des löbl. k. k. Infanterie-Regiments Hoch- und Deutschmeister, unter der
persönlichen Leitung des Herrn Kapellmeisters

Philipp Fahrbach

wird zwischen jeder der oben angeführten Piecen die gediegensten Tonstücke vortragen.

Der Beschluß dieses Festes wird auf eine imposante Art ausgestattet seyn.

Eintritt 20 kr. C. M. Anfang um 5 Uhr.   J. Strauß.

Bei ungünstiger Witterung findet gewöhnliche Soiree Statt.

Hector Berlioz.
Karikatur von E. Carjat

dem er die *Sträußchen-Walzer* op. 15 im Josefstädter Kasino «Zum goldenen Strauß» zur Uraufführung bringt. Weitere Tanzsaal-Besitzer folgen, als der Vater im Oktober und November nach Dresden und Berlin reist. Nun darf Schani auch in der Leopoldstädter Mammuthalle Odeon spielen (heute: II., Odeongasse), die vom Vater am 8. Januar 1845 mit den übermütigen «Odeon-Tänzen» op. 172 eröffnet worden war. Doch der Vater ist noch längst nicht abgeschrieben: er komponiert so gut wie in seinen besten Tagen. Man vergleiche etwa die populär gewordene «Marianka-Polka» op. 173, die terzenseligen «Geheimnisse aus der Wiener Tanzwelt» op. 176 oder die hinreißende «Flora-Quadrille» op. 177. Im übrigen überschlagen sich die Kritiker an Einfällen, indem sie den Vater als «Wundermann mit Nabob-reicher Walzerphantasie» oder gar als «Magnet-Nadel für alle Tanzmusik-Direktoren»[96] feiern.

Nach und nach muß sich der Vater aber in eine Aufteilung des Wiener Terrains schicken. Schani versammelt sein Stammpublikum vornehmlich bei Dommayer, Sträußel, Zögernitz, im «Grünen Tor», in der «Goldenen

Birn» und im «Tivoli» auf dem Grünen Berg (in der Nähe des Schlosses Schönbrunn). Schon die Titel verraten, welche Kreise Schani besonders anspricht: *Die jungen Wiener* op. 7 und *Jugend-Träume* op. 12, die *Czechen-Polka* op. 13 und die *Serben-Quadrille* op. 14. Der Jugend Wiens und den Zugereisten galt sein Hauptinteresse: ... *es waren größtenteils junge Männer, die das Mitgefühl für das redliche Bestreben des zur künstlerischen Frühreife gezwungenen Jünglings heranzogen.*[97]

War es zuviel, was sich Schani aufgebürdet hatte? Ende August 1845 erkrankt er an Skrufulose, einer Haut- und Lymphknoten-Entzündung. Kurz zuvor hatte er im Tivoli die Walzer-Folge *Berglieder* op. 18 und den *Patrioten-Marsch* op. 8 uraufgeführt. Dieser trägt ihm sogleich eine neue Anstellung ein: Schani wird Kapellmeister des 2. Bürgerregiments – als Nachfolger Lanners. Das Spielen bei Umzügen, Paraden, Gedenkfeiern und Denkmal-Einweihungen garantiert ihm und seinen Spielern laufende Einkünfte. Ludwig Morelly ist beim Scharfschützen-Corps Kapellmeister, Franz Ballin beim Corps der bildenden Künstler, Philipp Fahrbach (sen.) bei der Hoch- und Deutschmeister-Kapelle und Strauß Vater beim 1. Bürgerregiment. Zuweilen begegnen sich die beiden Sträuße mit ihren Kapellen – der Vater im roten, der Sohn im blauen Uniformrock. Der Vater tritt dabei als «k. k. Hofballmusik-Direktor» an – ein Titel, den er selber dem Kaiser vorgeschlagen und am 24. Januar 1846 auch erhalten hatte.

Das Odeon, Wiens größter Tanzsaal. Radierung von J. Vincenz Reim

Franz von Suppé

Ausschlaggebend für die Titel-Bewilligung war – neben der langjährigen erfolgreichen Mitwirkung bei den k. k. Hofbällen – der Berliner Erfolg des Vaters, insbesondere bei den Produktionen im Schloß des preußischen Königs. Sogar Felix Mendelssohn Bartholdy soll seine Instrumentation bewundert haben. Strauß (sen.) ist «der Held des Tages ... dessen Bild in allen Schaufenstern prangt und unter dessen Namen verschiedene Modeartikel reichen Absatz finden» [99].

Kaum von Berlin zurück, gibt es neue Streitigkeiten mit dem Sohn. Hatte der Vater mit der Quadrille zur Oper «Die vier Haymonskinder» dem irischen Komponisten Michael W. Balfe das Wiener Publikum erschlossen, so zieht der Sohn mit der *Liebesbrunnen-Quadrille* op. 10 nach und hängt sich an den Balfe-Erfolg an. Als getreue Balfe-Sängerin wirkt übrigens am Theater a. d. Wien Henriette Treffz – die spätere erste Frau Schanis. Die Treffz singt auch im Konzert von Hector Berlioz am 29. November 1845, wo unter anderem die effektvolle Ouvertüre «Carneval in Rom» vorgestellt wird. Der Vater glaubt, dieses Werk als erster nachspielen zu können. Doch der Kunst- und Musikalienhändler H. F. Müller am Kohlmarkt, der über die Aufführungsrechte verfügt, wirbt Schani als neues Verlagsmitglied an und überläßt ihm den «Carneval in Rom». Schani spielt diese Ouvertüre wenige Tage später im Kasino «Zögernitz» – in Gegenwart von Berlioz und Félicien David.

Bei den bekannten Opern von Balfe und Flotow schreiben Vater und Sohn jeweils eine *Zigeunerin-Quadrille* (op. 191 / op. 24) und eine *Martha-Quadrille* (op. 215 / op. 46). Hier hat der Vater einige Tage Vorsprung, während mit den *Lind-Gesängen* op. 21 (am 15. Juni 1846 ediert) die «schwedische Nachtigall» Jenny Lind zuerst vom Sohn verehrt wird. Dagegen kann der Vater den großen Franz Liszt – er gibt von März bis Mai 1846 zehn Konzerte in Wien – für ein «Grand-Konzert» in der Brühl bei Mödling als Mitwirkenden gewinnen. Nun geht auch der Sohn mit 32 Spielern auf Konzertreise, die über die Steiermark Anfang Juni 1846 in die ungarische Hauptstadt Pest führt. Die für ein Konzert im National-theater angekündigten «national-ungarischen Walzer» [99] werden indessen durch den *Pesther Csárdás* op. 23 ersetzt, der auf folkloristischen Lokal-studien basiert. Dies spürt der Hörer schon mit den ersten Takten des langsamen Einleitungsteils (Lassu). Vollends in der hinreißenden Friszka (einer Schnellpolka) mit ihren Dudelsack-Einlagen erweist sich der zwanzigjährige Strauß bereits als fertiger Meister im national-ungarischen Stil.

Um verlorenes Terrain wiederzugewinnen, führt der Vater am 9. Februar 1847 im Sophien-Bad-Saal die Walzer «Schwedische Lieder» op. 207 auf. Sie sind der in Wien mit sensationellem Erfolg gastierenden Jenny Lind gewidmet, die neun Tage nach dieser Aufführung erneute Triumphe in Meyerbeers «Vielka» («Das Feldlager in Schlesien») feiert. Diesmal fühlt sich der Vater ganz sicher, durch seinen Verleger Carl Haslinger auch das Erstaufführungsrecht an der Ouvertüre zu besitzen. Doch Schani beschafft sich mit Hilfe seines Freundes Franz von Suppé vom Theater a. d. Wien heimlich das Notenmaterial. Ehe die Polizei eingreift, vermittelt Meyerbeer selber. Doch dann erscheint im Pester «Spiegel» eine Schmähschrift gegen Vater Strauß. Dieser wirft dem Sohn vor, den Artikel «bestellt» zu haben. Erst im Sommer 1847 hören die Feindselig-keiten auf. Schani soll seinem Vater am Vorabend zum Namenstag ein Ständchen gebracht und ihn damit zu Tränen gerührt haben. Zumindest die berufliche Qualifikation Schanis wurde nicht länger in Zweifel gezogen: ... *als ich schon etliche Erfolge aufzuweisen hatte, versöhnte er sich damit, und die Anerkennung, die mein künstlerisches Streben bei meinem Vater fand, zählt zu meinen schönsten und freudigsten Erinnerungen.*[100]

Des Vaters Werke erscheinen bei Haslinger in zwölf verschiedenen Ausgaben – unter anderem für Klavier zu zwei und vier Händen, für Vio-linc oder Flöte und Klavier, für Solo-Instrumente (Violine, Flöte, Guitar-re, Csakan), für Quartett und für Orchester. Solcherart kamen 1845 fünf-zehn Werke heraus: neun Walzer, fünf Quadrillen und eine Polka. Wie bescheiden nehmen sich dagegen die zehn Editionen des jungen Strauß aus (vier Walzer, drei Quadrillen, zwei Polkas, ein Marsch) – alle Werke nur in Fassungen für Klavier zweihändig und Orchester. Doch schon 1846 hat Schani in der Werk-Anzahl (acht Walzer, vier Quadrillen, drei Polkas, ein Marsch, ein Csárdás) mit dem Vater gleichgezogen, und 1847 überholt er ihn sogar (20 zu 16 – acht Quadrillen, sieben Walzer, drei Polkas, ein Marsch, ein Potpourri). Für neuen Aufschwung sorgte offenbar der Verleger-Wechsel 1846 zu H. F. Müller (op. 18–58 und op. 61). Da Müller jedoch die Orchester-Ausgaben vernachlässigt, kehrt Schani im Revolutionsjahr 1848 zu Mechetti zurück, der nun auch Ausgaben für Violine bzw. Flöte und Klavier besorgt. Das Revolutionsjahr selbst wird zum Jahr des Vaters, der sowohl quantitativ (18 zu 13 Werke) wie auch qualitativ (vgl. u. a. den «Radetzky-Marsch» op. 228) den Sohn noch einmal überflügeln kann. Das Interesse am Walzr schwindet jedoch in diesen kriegerischen Tagen: Märsche und Polkas stehen im Vordergrund.

«Sängerfahrten» und Revolutions-Märsche

Die Art, wie Schani Kontakte herzustellen und Widmungen anzudienen versteht, geht aus folgendem Dedikations-Schreiben vom 9. Juni 1847 hervor: *Löblicher Männer-Gesangs-Verein! Wertheste Herren! Ihr schönes für die Kunst so erfolgreiches Wirken, das in allen Kreisen Wiens die eklatanteste Anerkennung gefunden, regt auch mich an, Ihnen einen schwachen Beweis dessen zu geben, wie sehr ich mich über Ihre schönen Leistungen freue, und wie anregend dieselben auf mich gewirkt. – Jedem liegt es ob, in seinem Kreise und nach seiner Weise zu wirken, und daher bin ich so frei, Ihnen das Anerbieten zu machen, die Dedication einer eigens von mir zu diesem Zwecke komponierten Walzerparthie: «Die Sängerfahrten» betitelt, annehmen zu wollen.*[101] Diese Walzer kamen gut an und blieben so lange im Repertoire der Strauß-Kapelle, bis andere «MGV-Walzer» rund zwanzig Jahre später einen noch größeren Erfolg haben werden: *An der schönen blauen Donau.* Ein Donau-Porträt mit Dampfschiff, im Hintergrund mit Kahlenberg und Leopoldsberg, ziert bereits das Titel-Kupferblatt der *Sängerfahrten* op. 41. Deren Anfangs-Walzer wurde so populär, daß er mit der Textunterlegung «Wie sind mir meine Stiefel geschwoll'n» (Lügenlied) gar als echt «fränkisches Volkslied» weitergereicht worden ist.

Schani war es endlich auch gelungen, zur akademischen Jugend vorzudringen. Während der Vater die Studenten der Medizin, der Rechte und der bildenden Künste mit neuen Walzern belieferte, kann der Sohn am 27. Januar 1847 seine *Architecten-Ball-Tänze* op. 36 den Hörern der Baukunst an der Akademie der bildenden Künste zu Wien widmen. Die hier zum erstenmal angebahnte Verbindung mit den Akademikern wird bis zum Beginn der Operetten-Ära 1871 Bestand haben. Was indessen die Studenten zu den stürmischen Wiener Ereignissen der Jahre 1847 und 1848 beitragen, erlebt der junge Komponist zunächst nur von ferne mit. Am 9. Oktober 1847 beginnt er mit zwölf Musikern, mit dem Tanzlehrer Eduard Webersfeld und mit dem Privat-Sekretär Paul Weinberger seine zweite Kunstreise. Sie führt über Pest nach Belgrad und Bukarest. Erst im März 1848 kehrt die Kapelle wieder nach Wien zurück. Die unterwegs uraufgeführten idyllischen Novitäten wie die *Dorfgeschichten* op. 47, *Seladon-Quadrille* op. 48, *Klänge aus der Walachei* op. 50 oder *Marien-Qua-*

Klavierausgabe des Revolutions-Marsches

drille nach rumänischen Melodien op. 51 geraten nun mit der rauhen Wirklichkeit allzu sehr in Widerspruch. Am 31. Dezember 1847 fallen die Papiere an der Wiener Börse; am 13. März 1848 bricht in Wien die Revolution aus (Metternich muß ins Ausland fliehen); die Revolution springt auf Ungarn, Mailand und Venedig über; am 23. März erfolgt die Kriegserklärung durch den lombardischen König Karl Albert; Radetzky besiegt am 6. Mai 1848 die Lombarden bei Santa Lucia; dennoch muß der Kaiser Ferdinand am 17. Mai 1848 mit dem Hof nach Innsbruck fliehen.

In Wien eingetroffen, führt sich der junge Strauß mit *Barrikaden-Liedern* op. 52, *Revolutions-Marsch* op. 54 und *Studenten-Marsch* op. 56 der Zeit entsprechend ein, verulkt die Liguorianer in einer *Scherz-Polka* op. 57 und unterstützt die am 15. August nach Brünn marschierenden

Wiener Nationalgardisten mit dem *Brünner Nationalgarde-Marsch* op. 58. Diese wie auch andere Kompositionen Schanis werden vorübergehend verboten, deren Noten gleich nach Erscheinen beschlagnahmt. Mit der offenen Sympathie für die neue Richtung der freiheitlichen Gesinnung zieht sich Schani den Unwillen des Hofes zu. Das erfahren wir aus einem acht Jahre später vom Polizeiminister Feldmarschall-Leutnant Johann Kempen verfaßten Bericht: «Johann Strauß ... war früher Kapellmeister eines Bürgerregiments, trat aber nach dessen Auflösung im Jahre 1848 in gleicher Eigenschaft bei der Nationalgarde ein, zu welcher Zeit er, beiläufig 22 Jahre alt, bei mehreren Gelegenheiten sich fortreißen ließ, mit seiner Musikbande revolutionäre Märsche zu produzieren, so wie er auch während des Belagerungszustandes von Wien an öffentlichen Orten ein Quodlibet mit Reminiscenzen an derlei Tonweisen aus dem Jahre 1848 vorgetragen haben soll.»[102]

Tatsächlich hat Schani vor der Stadthauptmannschaft Wien am 6. Dezember 1848 zu Protokoll geben müssen: *Es ist allerdings wahr, daß ich (bei einer musikalischen Abend-Unterhaltung im Saal beim grünen Thor*

Erstürmung der Barrikade in der Praterstraße durch die kaiserlichen Truppen, 28. Oktober 1848

in der Josefstadt) *die Marseillaise gespielt habe und sogar zweymal wieder-holen mußte*. Das Risiko, einen *Exzeß* zu provozieren, habe er nicht eingehen mögen. *Ich werde mich zwar wie bisher besonders hüthen, ähnliche Piecen vorzutragen, muß aber bitten, daß wenn ein diesfälliges Verboth streng gehandhabt werden soll, wir als Musikdirektoren vor Insulten und Exzessen durch eine Inspekzionswache geschützt werden* ...[103] Wie man sieht, weiß er sich geschickt zu verteidigen. Er ist nicht der einzige, der den staatlichen Stellen mißtraut und sich lieber der neuen Majestät, dem Volk, andient. So veranstaltet Philipp Fahrbach im Revolutionsjahr 1848 «Volksmusik-Konzerte». Er nennt sich auf den Anschlag-Plakaten «Volksmusik-Direktor», der tatsächlich «Walzer-Improvisationen» unter kompositorischer Beteiligung des ff. Publikums[104] durchführt. Richard Wagner sucht derweil Bekanntschaft «mit den Spitzen der Wiener Demokratie»[105]. Und Franz Liszt hält im Hotel «Stadt London» hof, Barrikaden vor dem Haus, unzählige Verehrer empfangend, natürlich mit einem «Arbeiterlied» beschäftigt.

Die dramatischen Folgen der Wiener Revolution sind in die Geschichte eingegangen: am 6. Oktober 1848 wird der Kriegsminister Theodor Latour ermordet und an einem Kandelaber des Platzes Am Hof aufgehängt; am 7. Oktober flieht der Kaiser mit dem Hof nach Olmütz; am 26. Oktober umzingelt Fürst Windischgrätz mit seinen Truppen die Stadt Wien und nimmt sie am 31. Oktober nach Bombardements und Brandlegungen ein; am 2. Dezember dankt Kaiser Franz Ferdinand I. in Olmütz zugunsten seines jungen Neffen, des Erzherzogs Franz Joseph, ab. Die meisten Wiener jubeln. Neue Hoffnungen blühen auf. Doch wenige Tage später schon erweist sich, daß die Polizeiherrschaft alten Stils wiederhergestellt werden soll – mit Observationen, Presse-Zensur, polizeilicher Verwarnung, Amtsbehinderung und Amtsenthebung. All dies kannte man schon seit der Kongreß-Zeit, da Metternichs «System» die äußerliche Ordnung zu garantieren hatte und schuld daran war, daß eine «gedankenarme und kraftlose Gerontokratie ... ans Ruder gelangte»[106]. Gebremste Staatsmaschine, politische Teilnahmslosigkeit und Rückzug ins Privatleben ergänzten einander. Sie hatten gar die Illusion der «Wiener Gemüthlichkeit» ermöglicht.

Der kaisertreue und konservative Vater kann noch relativ ungestört am 31. August 1848 den «Radetzky-Marsch zu Ehren des großen Feldherren ... der k. k. Armee» op. 228 im kleinen Kaffeehaus am Wasserglacis uraufführen, ohne von den Studenten und revolutionären Legionären allzu sehr angegiftet zu werden. Doch immer häufiger opponieren Studenten gegen ihn. Vater Strauß reagiert prompt: er eröffnet dem Zweitgeborenen, Schanis Bruder Josef, daß ihm die Zuschüsse zum Studium gestrichen sind. Josef solle sich der militärischen Laufbahn widmen. Aber Josef antwortet seinem Vater am Vorweihnachtstag 1848: «Ich will nicht Menschen tödten lernen, will nicht durch Jagdmachen auf Menschenleben ausgezeichnet werden, einen hohen Rang einnehmen, ich will dem Men-

Anna Strauss, geborne **Strelm**, gibt hiermit in ihrem und im Namen ihrer Kinder, als: **Johann**, **Josef**, **Anna**, **Theresia** und **Eduard**, sämmtlich geborne **Strauss**, so wie auch im Namen seiner Schwester **Ernestine Fux**, geborne **Strauss**, Nachricht von dem sie höchst betrübenden Hinscheiden ihres innigst geliebten Gatten, respective Vaters und Bruders, Herrn

Johann Strauss,

k. k. Hof-Ballmusik-Directors, Kapellmeisters, Ehrenbürgers in Wien, Ehrenmitglied mehrerer philharmonischen Gesellschaften, welcher nach einer kurzen Krankheit, am 25. September 1849, um ¼ auf 3 Uhr, im 45. Jahre seines Alters, selig in dem Herrn entschlafen ist.

Der Leichnam wird Donnerstag den 27. d. M., um 3 Uhr Nachmittags, aus dem Hause (Nro. 817—829) Stadt, Kumpfgasse (Riemerstraße) in die Dom- und Metropolitan-Kirche zu St. Stephan getragen, und nach erfolgter feierlicher Einsegnung auf dem Friedhofe in Döbling, im eigenen Grabe, zur Ruhe bestattet.

Die heiligen Seelenmessen werden in dieser und in mehreren andern Kirchen gelesen werden.

Todesanzeige für Johann Strauß (Vater), aufgesetzt von Anna Strauß

schen nützen als Mensch [doppelt unterstrichen] und dem Staate als Bürger.»[107]

Bruder Eduard schreibt über die Folgen des Revolutionsjahres: «Diesen bösen Tagen der Angst und Kämpfe folgte eine starke Ermattung auf allen Seiten, ein enormer Tiefstand des öffentlichen Lebens, dessen schädliche Wirkung sich allenthalben verspüren ließ und nicht zumindest auch meinen Vater und meinen Bruder Josef traf.»[108] Schanis Bericht zufolge wirkten die *Stürme der Märztage … aufregend auf das Gemüth des Vaters: … diese Künstlerseele fühlte sich in dem Lärm des Tages nicht wohl. Außerdem absorbirte die Politik alles Interesse und drängte die Kunst ganz in den Hintergrund. Er hielt sich von den Tagesfragen ganz ferne und hoffte von der Zukunft die Rückkehr einer seiner Kunst günstigeren Epoche. Das Gegentheil trat ein. Der Fasching des Jahres 1849 war wohl der trübste, den Wien je gesehen. Düstere Schatten, die keine Kunst zu scheuchen vermochte, lagerten auf der Stadt. Das ertrug mein Vater nicht. Wieder unternahm er eine seiner Kunstfahrten, deren Endpunkt London war. Diese Stadt war seiner Gesundheit stets gefährlich gewesen. Krank und erschöpft kehrte er nach Wien zurück. Nochmals siegte seine geistige Energie über die körperliche Schwäche. Am 19. September dirigirte er in «Ungers Casino in Hernals»; aber schon sechs Tage darauf, am 25. erlag er*

– kaum 45 Jahre alt – der tückischen Krankheit. An seinem Sarge zeigte Wien, was er ihm gewesen. Die Trauer war eine allgemeine; mehr als 100000 Menschen gaben ihm das letzte Geleite.

Was die Compositionen meines Vaters für die Tanzmusik bedeuten, ziemt nicht mir, dem Sohne, rühmend zu proclamiren. Er hat den Ruhm deutscher Tanzmusik über die Welt verbreitet, und strenge Richter haben ihm die Anerkennung nicht versagt, daß seine prickelnden und picanten Rhytmen den reinen Quellen der musikalischen Kunst entsprangen. Als Dirigent besaß er jenes undefinirbare Etwas, das die Ausübenden fortriß, sich von diesen auf die Hörer verpflanzte, und deren Herzen und Pulse höher schlagen machte.

Mein Vater war wie jeder ächte Künstler im höchsten Grade bescheiden, und nicht einen Augenblick hegte er die Anmaßung, sich auf dasselbe Piedestal mit den Heroen der großen Kunst stellen zu wollen. Aber seine Kunst hat manche Sorge verscheucht, manche Falte geglättet; Vielen den Lebensmuth gehoben, die Lebensfreude zurückgegeben; sie hat getröstet, erfreut und beglückt; – und darum wird die Menschheit ihm ein Andenken bewahren.[109]

Mit der *tückischen Krankheit* umschreibt Schani eine Begebenheit, die Anlaß zu allerlei Klatsch gegeben hat. Der Vater infizierte sich bei einer seiner Töchter und starb am 25. September 1849 an Scharlach und Hirnlähmung. Daß die Arzt-Tochter Emilie Trambusch ihm bis zuletzt eine «rastlose Pflegerin»[110] gewesen ist, wissen wir von Scheyrer. Doch die Beerdigungs-Feierlichkeiten durfte sie nicht ausrichten – das war nach katholischem Recht Angelegenheit von Anna Strauß. Wahre Schauermärchen wurden im Hirschenhaus über Emilie verbreitet. So soll sie die letzte Wohnung in der Kumpfgasse/Riemerstraße total ausgeräumt und sogar noch die Laternen vom Grab des Vaters auf dem Döblinger Friedhof gestohlen haben.[111] Doch das amtlich bestätigte Hinterlassenschafts-Inventar[112] weist eine komplette Einrichtung auf. Emilie ist am 23. März 1852 noch einmal mit Anna, deren Söhnen Johann und Josef sowie mit Verleger Haslinger zusammengekommen, um einem Kompromiß über die Nutzung der hinterlassenen Manuskripte von Strauß zuzustimmen. Sie wohnte dann mit ihren Kindern in der Singerstraße 32 bzw. in der Unteren Weißgerberstraße, ehe sie nach Krems übersiedelte. Bis dahin scheint sie der stets hilfreiche Schani heimlich unterstützt zu haben. Er war es auch, der ein Konzert mit Werken des Vaters dirigierte, um eine Denkmals-Aktion finanziell zu unterstützen. Noch einmal taten sich die alten Freunde der 1826 polizeilich ausgehobenen «Ludlamshöhle» zusammen: Franz Grillparzer, Josef Schreyvogel, Ludwig Deinhardstein, Ignaz Castelli, Johann Gabriel Seidl, Franz Gräffer und Eduard von Bauernfeld. Doch aus dem Denkmal wurde nichts. «So warm sich aber auch die Trauer gab, so stark die Bewegung durch alle Wiener Herzen zu zucken schien, es bewährte sich doch nur zu schnell die grausame Wahrheit des pessimistischen Satzes: ‹Aus den Augen – aus dem Sinn!›»[113]

Das Erbe des Vaters

Das vom Sohn proklamierte *Andenken* an den Vater hat die Menschheit leider nicht bewahrt. Strauß senior gilt vielen Menschen nur noch als der Komponist des «Radetzky-Marsches» und der «Loreley-Rhein-Klänge». Doch der Walzer verdankt «neben Lanner gerade ihm den Durchbruch zu einem alle Schichten der Gesellschaft begeisternden Tanz»[114]. Schani hat nie vergessen, was er seinen Vorgängern schuldig war: *Sie haben mir angedeutet, auf welche Weise ein Fortschritt zu erreichen ist, es war nur möglich durch Erweiterung der Form. Das war mein Verdienst ...*[115] Tatsächlich enthalten die Werke des Vaters unzählige Melodie-Wendungen, rhythmische Finessen, harmonische Details und instrumentatorische Effekte, die in ähnlicher Weise beim Sohn wiederkehren.[116]

Vater Strauß hat «das Verdienst, gute Musik unter das große Publicum gebracht zu haben. Es gab keine Strauß'sche Production, wo nicht Werke von Beethoven, Mozart, Mendelssohn, Spohr, Weber u. A. auf dem Programm verzeichnet und mit großer Präcision ausgeführt wurden.»[117] An diese Tradition hat der Sohn angeknüpft. Nach dem Tode des Vaters wollte er das hervorragend geschulte Orchester übernehmen und mit dem eigenen vereinigen. Carl Haslinger vermittelte. Schon am 7. Oktober 1849 konnte Schani das Orchester des Vaters im Kolonnadensaal des Volksgartens dirigieren, wobei Haslingers «Nachruf an Strauß' Vater» und die eigenen *Aeols-Töne* op. 68 zur Uraufführung gelangen. Auch zur Trauerfeier am 11. Oktober 1849 – mit Mozarts «Requiem» – leitete er dieses Orchester. Doch dann brechen Zwistigkeiten aus. Die Vorwürfe der Gegner nehmen derart zu, daß sich Schani Anfang Dezember in der «Wiener Zeitung» öffentlich verteidigt: *Wohl führe ich den Namen Strauß als teures Erbe meines teuern Vaters, und ich bin gewiß, daß der Dahingeschiedene mir gern als schönstes Erbteil Wiens Liebe hinterlassen hätte, die ihm bis zum Grabesrande folgte.* Am Schluß wendet er sich direkt an den wichtigsten Adressaten: *Dem Orchesterpersonale des Verblichenen zolle ich gleichfalls im Namen der Meinen innigen Dank für die Liebe, die sie ihrem Kapellmeister im Leben und für die Treue, die sie ihm nach seinem Tode erwiesen; sollte dieses treffliche Institut sich fortan selbständig erhalten wollen, so wünsche ich demselben von Herzen Eintracht und treues Zusammenwirken, damit der empfehlende Name «Vater Strauß's Kapelle» sich an den würdigen Mitgliedern fort vererbe . . .* [118] Schanis bester Schach-zug war die Übernahme des Orchester-Regisseurs Karl Fux – dem Schwa-ger des Vaters. Fux händigte ihm die Instrumente des Vaters sowie die Manuskripte und Notenmaterialien aus. Dennoch wird sich Schani noch lange als *Johann Strauß Sohn* ausgeben und *mit der Kapelle seines Vaters, weiland k. k. Hof-Ball-Musikdirectors J. Strauß* [119] auftreten.

Das Gesuch um Übertragung der Hofballmusik wird abschlägig be-schieden. Am Hof dirigiert nun Philipp Fahrbach. Um die Gunst des jun-gen Kaisers zu gewinnen, beschließt Schani, im Oktober 1850 zum Drei-Kaiser-Treffen nach Warschau zu reisen. Er nutzt die Chance, die Spieler der väterlichen Kapelle unter Vertrag zu nehmen. Sechzehn von ihnen unterschreiben. Von diesen gehen allerdings nur acht mit auf die War-schauer Reise – darunter der siebenundfünfzigjährige Josef Schalda und der siebenundvierzigjährige Primgeiger Franz Amon, der ehemalige Gei-genlehrer Schanis. Von den siebzehn Mitfahrern der Jung-Kapelle ist der dreizehnjährige St. Ulrichaner Anton Moser der jüngste. Rund ein Drit-tel dieser Musiker stammt aus Böhmen bzw. Ungarn. Die Gesamtzahl (mit Schani: 26) verbürgt eine Klangfülle, wie sie dem Vater nur in den besten Tagen zur Verfügung gestanden hat. Schanis Besetzung dürfte ähnlich wie die gewesen sein, mit der sein Vater in Paris aufgetreten war: zwei Flöten, eine Oboe, zwei Klarinetten, ein Fagott, zwei Hörner, zwei Trompeten, zwei Posaunen, eine Harfe, zwei Schlagzeuger, je vier erste und zweite Violinen, ein Cello, zwei Kontrabässe. [120] Überdies konnte das Klangbild durch häufigen Wechsel der Instrumente, an den seine Musiker gewöhnt waren, vielfältiger bereichert werden.

Das Warschauer Abenteuer begann bereits damit, daß ein reicher Schweinehändler das Geld vorstrecken mußte. Ohne Pässe reiste die Ka-pelle über Breslau, wurde als Räuberbande festgehalten und nicht in das damals russische Warschau hineingelassen. Davon erfuhr die russische Kaiserin Charlotte, Tochter des Preußenkönigs Friedrich Wilhelm III. *Der Obersthofmeister lud mich ein, bei der Kaiserin ein Konzert zu geben . . . Ich erhielt sofort ein Zertifikat zur Passierung der Grenze und am ande-ren Tage spielte ich vor der Kaiserin von Rußland . . . Nach der Probe war sie sehr entzückt und bat mich, auch noch auf dem Hofball zu spielen . . . Ich wirkte dann mit meinem Orchester beim Ball mit, bekam für jede Pro-duktion 500 Rubel und zum Schluß einen kostbaren Brillantring.* [121] Strauß erwies sich als Kavalier und revanchierte sich mit der Widmung der *War-schauer Polka* op. 84 an *Ihre Majestät der Kaiserin von Rußland.*

Das Abenteuer hatte sich gelohnt. Die Verbindung zum russischen Kai-serhaus wird ihm schon bald ungeahnte existenzielle Perspektiven eröff-nen. Endlich würdigen ihn die Mitglieder der Alt-Kapelle als fähigen Nachfolger des vor einem Jahr verstorbenen Vaters. Zudem winkt Carl Haslinger, der Verleger des Vaters, mit einem langjährigen Vertrag. Da der bis Opus 94 verantwortlich zeichnende Verleger Pietro Mechetti gera-

Philipp Fahrbach

de gestorben ist, läßt sich der fünfundzwanzigjährige Schani von Haslinger übervorteilen. Haslinger hatte dem Vater Honorare zwischen 30 und
250 Gulden gezahlt: 30 für einen Marsch, 90 für eine Polka, 100 für eine
Fantasie, 120 für eine Quadrille und 250 für eine Walzer-Folge. (Diese
unterschiedliche Honorierung mag gleichzeitig als Gradmesser für Beliebtheit und Verkaufserfolg von Tanzsätzen gelten.) Schani aber wird mit
Einzelwerk-Tantiemen zwischen 20 und 50 Gulden abgespeist. Und anders als beim Vater erscheinen Schanis Werke nur noch in Partitur, für
Klavier zweihändig und für Violine und Klavier – selten noch für Klavier
vierhändig. Dennoch wird Haslinger für dreizehn Jahre Schanis Exklusiv-
Verleger bleiben.

Je Produktion erhielt seinerzeit ein Instrumenten-Transporteur 1½
Gulden, ein Musiker 4½ und Strauß als Leiter 9 Gulden. Im Karneval
1852 erhielt Strauß für die Mitwirkung bei fünf vom *Allerhöchsten Hofe
angeordneten großen Hof- und Kammerbüllen* [122] ein Gesamtsalär von 417
Gulden. Proben für größere Produktionen wurden mit halbem Konzert-
satz vergütet. Strauß war es nun gelungen, neben Philipp Fahrbach die
Hofball-Musiken zu leiten. Dort lernte er zahlreiche neue Kunstliebha-
ber kennen, denen er sich mit Widmungswerken verband, auf Sonderzah-
lungen hoffend. So schrieb Strauß den *Großfürsten-Marsch* op. 107 im

Februar 1852 *zur Feier der Anwesenheit in Wien Ihrer Kaiserlichen Hoheiten Großfürsten Nicolaus und Michael von Rußland.* Damit der *Wiener Jubel-Gruß-Marsch* op. 115 zur beglückenden Rückkehr seiner Majestät des Kaisers Franz Joseph I. höchstenorts auch gebührend zur Kenntnis genommen wurde, verfielen Strauß und Haslinger auf die Idee, aus den Einnahmen des Marsches mehrmals Spenden-Beträge *zu wohltätigen Zwecken*[123] zur Verfügung zu stellen.

Im Februar 1853 war Franz Joseph dem Attentat des ungarischen Schneidergesellen Johann Libényi nur knapp entgangen. Strauß nutzt die Gunst der Stunde und bringt am 6. März im Sperl den *Rettungs-Jubel-Marsch* op. 126 zur Uraufführung. Besonders der machtvoll gesteigerte Schluß mit der Haydn-Hymne überwältigt die Zuhörer. Doch so schnell lassen sich der junge Kaiser und das Obersthofmeisteramt nicht von ihrem geringschätzigen Urteil über Strauß abbringen («... ein leichtsinniger, unsittlicher und verschwenderischer Mensch», der «erst seit kürzerer Zeit eine mehr geregelte Lebensweise»[124] führe). Erst zehn Jahre später wird ihm der mehrfach vergeblich angestrebte Titel eines k. k. Hofballmusik-Directors verliehen werden. Die insgesamt dreizehn Jahre währende Bemühung um den vakanten Titel ist zugleich ein imaginärer Wettkampf mit dem Schatten des Vaters.

«Phönix-Schwingen»

Das Wiener Obersthofmeisteramt verübelte dem jungen Strauß die guten Kontakte zur Studentenschaft. Der «Polizeistaat» verfolgte noch bis in die Mitte der fünfziger Jahre hinein das Tragen politischer Abzeichen, das Aufsetzen bestimmter Hüte, das Singen demokratischer Lieder. 1851 wurden zum Beispiel von der Stadthauptmannschaft «etwa 80 Verhaftungen wegen auffallender Kleidung und langer Haare vorgenommen» [125]. Doch die Studenten erfanden immer wieder neue verborgene Kennzeichen der revolutionären Solidarität. Aus Schanis auftrumpfender Musik glaubten sie genügend Widerstandsgeist herauszuhören. So kam es, daß Strauß von 1852 an bis 1865 mit seiner Kapelle ständiger Karnevals-Gast bei den Hörern der Rechte und bei den Hörern der Technik, seit 1853 auch bei den Hörern der Medizin an der Hochschule zu Wien war. Diese studentischen Bälle fanden fast ausschließlich im Sofien-Bad-Saal in der Marxer Gasse statt.

Zwischen den *Architecten-Ball-Tänzen* op. 36 (komponiert 1847 für die Hörer der Baukunst) und der Polka *Auf freiem Fuße* op. 345 (1871 für die Hörer der Rechte) lieferte Strauß rund 50 Walzer und Polkas, die einer gesonderten Betrachtung würdig wären. So präsentierte Strauß 1852 den Technik-Studenten eine Tonmalerei der Stromschläge: die *Elektro-magnetische Polka* op. 110 beginnt mit schneidenden Wischern in hoher Piccolo-Lage. Noch mitreißender ist die *Juristen-Ball-Polka* op. 280 – die erste Schnellpolka von Strauß, mit synkopierter Trio-Melodie und hinkendem Kehraus. *3mal täglich* [126] einnehmen sollte man jene Walzer, die Strauß für angehende Mediziner, Techniker und Juristen schrieb. Erstaunlich frech sind bereits die Kupferstich-Titelblätter, auf denen gezackte Blitze, Sternschnuppen und ein explodierender Zuckerhut-Berg (*Phänomene* op. 193) oder neben einem Totenschädel gar ein Fetus im Petroleum-Reagenzglas (*Paroxysmen* op. 189) erscheinen.

Musikalisch dokumentieren die *Paroxysmen* das anspruchsvollere Rezeptions-Niveau der Medizin-Studenten. Da findet man Synkopen, verminderte Sept-Akkorde, nervöse Kleinmotivik, Beethoven-Zitat («Freude, schöner Götterfunken»), Einflüsse von Liszt über Berlioz bis zu Meyerbeer, aber auch breit ausladende Moll-Walzer im ungarischen Stil:

Auch den Technik-Studenten mutet Strauß schroffe Akzente und ge-häufte verminderte Sept-Akkorde zu – wie zu Beginn der *Phänomene* op. 193:

In einem einzigen 20 Takte langen Walzer (V,2) kombinierte Strauß die Melodie-Süße mit volkstümlichen Terz-Überschlagern und gelehrten har-monischen Rückungen. Den wohl merkwürdigsten Auftakt hat Strauß jedoch am 26. Januar 1858 mit den *Extravaganten* op. 205 den Jura-Stu-denten zugemutet. Der erste Walzer hebt mit einem Unisono an (8 Tak-te), dem ein scheinbar belangloses Geplapper folgt. Doch dann kombi-niert Strauß die Anfangstakte mit einer darüber gesetzten Streicher-Me-lodie: eine kunstvolle kontrapunktische Spielerei, mit lässiger Hand aufs Papier geworfen. Strauß war nie einfallsreicher, experimenteller und «ex-travaganter» als in diesen Walzern der fünfziger Jahre. Auf engstem Raum finden wir die tollsten Kombinationen, Schubert-Anklänge, volks-tümliche Bordun-Bildungen, humorvolle Abweichungen vom Hum-ta-ta-Klischee der Begleitung, rhythmische Verunsicherungen, kirchenton-artliche Wendungen, wilde Introduktionen mit Solo-Kadenzen und – vor allem – gedehnte Formteile. So hält der erste Walzer der *Phönix-Schwin-gen* op. 125 im Dur-Moll-Wechsel erst nach 32 Takten auf dem Dominant-Sept-Akkord an und ist noch immer nicht abgeschlossen. In den *Promo-tionen* op. 221 braucht Strauß 40 Takte (I,2), in den *Schallwellen* op. 148 gar 52 Takte (I,1).

Von der ursprünglichen Wirkung dieser «Studenten-Walzer» erhält man nur aus Partituren eine rechte Vorstellung. Die von Verlags-Mitar-beitern nach Schanis Partitur erstellten Klavier-Auszüge verzichten weit-gehend auf gehaltene Bläser-Akkorde, feine Holzbläser-Gegenstimmen oder Cello-Kantilenen (wie in I,2 aus op. 221 oder in II,1 aus op. 223).

Auf den Musik-Kritiker Eduard Hanslick wirkten die originalen Instrumentationen von Strauß bisweilen wie «Walzer-Requiems». Hanslick vermutet 1854 den «besten Walzercomponisten der Gegenwart» auf «bedenklichem Weg. In seinen neuen Walzern findet sich häufig ein falsches Pathos eingeschmuggelt, das in der Tanzmusik gänzlich ungehörig, beinahe verstimmend auf den Hörer wirkt ... Die von Posaunen herausgestoßene klägliche Accordenfolge, welche den zweiten Theil von Nr. 1 der *Schallwellen* bildet, fände allenfalls Anwendung bei Opernfinalen, worin es besonders blutig zugeht; in einem Walzer ist sie abscheulich ... Wenn Strauß den Walzer in der Art der *Schallwellen* fortbildet, was soll Meyerbeer für seine nächsten Opern übrig bleiben?»[127] Doch «Johann ließ sich durch die übelwollende Beurteilung seines Schaffens nicht beirren»[128]. Allmählich lernte er, auch mit gelehrten Musik-Ästhetikern und «Philosophen» fertig zu werden. Als er zehn Jahre später dem *Herrn Dr. Eduard Hanslick, k. k. Professor* die harmonisch verdichteten und breit ausladenden Walzer *Aus den Bergen* op. 292 widmete und sie im Volksgarten uraufführte, hatte er ihn bereits zum wohlwollenden Freund gewonnen.

Mitte der fünfziger Jahre hatte die Beliebtheit des jungen Strauß auch bei der übrigen Bevölkerung Wiens einen ersten Höhepunkt erreicht. Viele Sommer-Monate hindurch war er – wie einst sein Vater – allabendlich unterwegs. Montags spielte er mit seiner Kapelle bei Dommayer, dienstags im Volksgarten, mittwochs im «Grünen Zeisig», donnerstags in Valentins Bierhalle, freitags wieder im Volksgarten, sonnabends in Engländers Restauration (Währinger Straße) und sonntags in Ungers Casino (Hernals). Noch turbulenter war die Winter-Saison und Karnevalszeit. Die Kapelle mußte aufgeteilt werden. Die *Produktionen mit dem kleinen G'spiel*[129] überließ er Primgeigern und Subdirigenten. Mit dem Fiaker raste Strauß von Ballsaal zu Ballsaal, um wenigstens einige Stücke mitzugeigen und die Plakat-Ankündigung *Herr Johann Strauß persönlich* wahrmachen zu können. Neben den bereits genannten Lokalen trat Strauß regelmäßig auch im k. k. Redoutensaal, im Sofien-Bad-Saal, im Sperl, im Prater und in Schwenders diversen Etablissements auf. Dabei war er nicht mehr wie sein Vater auf Ausstattungs-Sensationen, Überraschungs-Effekte und Werbe-Gags angewiesen. Seine Tänzer verlangten vor allem nach guten Musikern – sie waren in einem kontinuierlichen, beinahe unauffälligen «Erziehungsprozeß» zu guten Zuhörern geworden. Um diese gehobenen Ansprüche zu befriedigen, brauchte Strauß viel Zeit zum Komponieren, selbst wenn er «der flinkeste Instrumentator» war. Im Fasching 1853 komponierte er an den *Wiener Punsch-Liedern* op. 131 «zwei Tage, jedoch bei einer Arbeitszeit von nur vier Stunden am ersten und von fünf Stunden am zweiten Tag ... Wenn Biographen eine kürzere Arbeitszeit für irgend einen Walzer Johanns angeben, so ist dies eine ganz unnötige Übertreibung, die nur große Unkenntnis des Instrumentierens bekundet.»[130]

Johann Strauß, 1853. Lithographie von Josef Kriehuber

Pepi – «A echter Strauß»

Schani ist nicht der große Orchester-Organisator wie sein Vater – oder wie es sein jüngster Bruder Eduard später sein wird. Aus Krankheits-Gründen muß er schon bald auf Auslandsreisen verzichten. Die letzte Kunstreise führte ihn mit sechzehn Orchester-Mitgliedern im Herbst 1852 nach Berlin. In Leipzig brachte er am 8. Oktober – neben eigenen Werken und Ouvertüren von Mendelssohn Bartholdy, Nicolai und Weber – als örtliche Erstaufführung Wagners «Lohengrin»-Finale zu Gehör. Wagners Musik verfolgte er zeitlebens mit größtem Interesse.

Strauß hatte sich von den Strapazen der Reise noch kaum erholt, da verlangte ihm der Karneval 1853 das bis dahin umfangreichste Engagement ab. Kurz danach wurde er «von einem schweren Leiden befallen und mußte sich dem Gebote der Ärzte fügen, wenigstens während eines halben Jahres seiner Tätigkeit zu entsagen. Meine Mutter, welche sozusagen den ‹Schatzmeister› des Concertunternehmens bedeutete, war über diese Forderung der Ärzte sehr bestürzt und wußte sich nicht Rat, was sie mit der trefflich geschulten und seit langen Jahren ohne Personalwechsel bestehenden Capelle beginnen sollte. Nach reiflicher Überlegung verfiel endlich Johann auf die Idee, Bruder Josef zu bewegen, den Beruf eines Ingenieurs aufzugeben und sich dem musikalischen Unternehmen zuzuwenden. Er sollte während der nächsten Sommersaison selbständig dirigieren, während der Wintersaison jedoch mit Johann in der Leitung der Capelle alterniren.»[131] Am 23. Juli schreibt Josef seiner späteren Frau: «Mein liebes Linchen! Das unvermeidliche ist geschehen, ich spiele heute zum ersten Male beim Sperl . . .»[132] «Pepi» kommt sofort gut an. So kann Schani getrost zur Mineralquellen-Kur nach Neuhaus bei Cilli (Celje) reisen. Währenddessen versucht sich Pepi als Komponist der Walzer-Folge «Die Ersten und Letzten». Sie werden in Ungers Casino gut aufgenommen. Bäuerles Theaterzeitung preist die «vorzüglichen, originellen und melodiösen Rhythmen» dieser Walzer, die «auf stürmisches Verlangen sechsmal wiederholt werden mußten».[133] Pepi hat sein erstes Erfolgs-Erlebnis, das durch das Urteil Schanis – der nach der Rückkehr von der Kur sogleich die Partitur verlangte – noch unterstrichen wird: *Du bist a echter Strauß.*[134] «Die Ersten nach den Letzten» dokumentieren die endgültige Korrektur. Josef, Erfinder einer Straßenreinigungs-Maschine und ge-

Josef Strauß, der jüngere Bruder. Lithographie von H. Messerschmidt

fragter Bauzeichner, läßt sich nun in Komposition und Generalbaß von Franz Dolleschall und im Geigenspiel von dem bewährten Primgeiger Franz Amon ausbilden. Erst drei Jahre später wird er – am 23. Juni 1856 beim «Grünen Zeisig» – öffentlich die Geige spielen und auf diese Weise das Orchester leiten.

Der entlastete Bruder Johann kann sich neuen Aufgaben zuwenden. Zum Jahreswechsel 1853/54 komponiert er seine erste «Polka-Mazurka», *La Viennoise* op. 144. Relativ spät nimmt sich Strauß dieses charakteristischen polnischen Tanzes an, den Chopin seit 1827 populär zu machen

Richard Wagner.
Karikatur aus «L'Eclipse»,
18. April 1869

verstand. Mit einer Polka hat dieser Masurische Tanz (= Masur oder Ma-
surek bzw. Mazurka) eigentlich nichts zu tun. Er steht im gemäßigten
Dreiviertel-Takt und bildet zum Wiener Walzer eine folkloristische Va-
riante, gekennzeichnet durch gezackte («punktierte») Rhythmen auf der
«Eins» und durch schroffe Akzente auf unbetonten Taktteilen. An Popularität wird ihn Pepi mit der Mazurka «Frauenherz» op. 166 allerdings
übertreffen. Johanns *Lob der Frauen* op. 315 ist jedoch ebenbürtig. Es
beginnt mit einer schönen Moll-Mazurka Chopinscher Prägung, ehe der
Wiener Walzer-Jubel doch wieder durchbricht.

Als Strauß sich im Spätsommer 1854 im Salzburger Land aufhält, um an
den berühmten radioaktiven Thermalquellen Badgasteins Heilung zu suchen, kann er ein Jahrzehnt seiner öffentlichen künstlerischen Tätigkeit
überschauen. 151 Druckwerke liegen vor (sein Vater hatte im ersten Jahrzehnt nur 93 Publikationen). Seine Walzer, Polkas, Quadrillen und Märsche waren nicht nur im Ballsaal beliebt; sie entzückten auch die «Kon-
zert-Hörer» im Volksgarten oder im Prater – als ernst zu nehmende Kon-
kurrenz-Werke neben den Stücken seines Vaters, Lanners und anderer
Tanzmusik-Komponisten, aber auch neben Werken von Beethoven,

Mendelssohn, Schumann, Berlioz, Liszt, Wagner und weiterer «ernster» Komponisten.

Von Hanslick ist er «der beste Walzercomponist der Gegenwart»[135] tituliert worden. Ausländische Gäste verbreiteten seinen Ruhm. Nun suchte ihn in Badgastein eine Delegation der russischen Eisenbahn-Gesellschaft Zarskoje-Selo auf. Man versuchte, ihn als Kapellmeister für die Sommerkonzerte in Pawlowsk bei St. Petersburg zu gewinnen. Seit 1850 hatte der aus Ungarn stammende Grazer Militär-Kapellmeister Joseph Gungl die Sommer-Produktionen geleitet. Mit Strauß hoffte man eine noch größere Zugkraft zu gewinnen. Auf die auch finanziell höchst verlockende Offerte ging Strauß sofort ein. Er konnte aber im Sommer 1855 aus politischen Gründen – wegen Österreichs schwankender Haltung während des Krim-Kriegs – noch nicht nach Rußland reisen und mußte sein Engagement um ein Jahr verschieben. Im Karneval 1856 geigt Schani auf *täglich 5 auch 6 Bällen*[136], wobei die Walzer *Erhöhte Pulse, Juristen-Tänze, Abschieds-Rufe, Libellen* sowie die *Armenball-* und *Sanssouci-Polka* zur Uraufführung kommen. Die *Abschieds-Rufe* op. 179 sind Franz Liszt gewidmet, den Strauß während der Mozart-Zentenarfeiern in Wien zum Freund gewonnen hatte. Diese Walzer wirken – mit ihren weitgespannten melodischen Bögen, eleganten harmonischen Entwicklungen und deutlichen Schubert-Anklängen (im dreifachen Piano!) – wie eine Bestandsaufnahme all dessen, was Strauß als Komponist sich an Kenntnissen erworben hatte. Die am 28. Januar im Sofien-Bad-Saal gespielten *Abschieds-Rufe* gelten der Stadt Wien. Sie erscheint auf dem Titelkupfer der Klavier-Ausgabe im Hintergrund. Eine Postkutsche entfernt sich. Freunde winken. In Wirklichkeit reist Schani mit der Eisenbahn über Berlin nach Stettin, von dort mit dem Dampfschiff nach St. Petersburg. Das russische Abenteuer beginnt.

Heiße Pawlowsker Sommernächte

Als Petersburger Verbindungsmann bewährt sich der dortige Musikschul-Professor und gebürtige Wiener Johann Promberger. Erörtert werden die Musikerengagements (*Ich benöthige 4 Hörner*...[137]), die Verlags-Vertretung durch Büttner und die Arrangements von Opern-Potpourris durch Sokoll. Mit vier Wiener Kapellen-Spielern, darunter der Kontrabassist und Kopist Georg Kraus, reist Strauß Mitte April 1856 nach Rußland: «Statur groß, Gesicht oval, Haare und Augen schwarzbraun, Mund und Nase proportionirt, Besondere Kennzeichen keine.»[138] Die russischen Fotos verraten uns, daß Strauß das Haupthaar voll auswachsen ließ, einen Mittelscheitel zog und in den sechziger Jahren zum Vollbart überging. Seit 1867 rasierte Strauß das Kinn aus. Den Hals schmückte eine Fliege oder ein Schlips. Schließlich verzichtete er auf die Scheitelziehung und sah nun wie ein leibhaftiger Russe aus.

Strauß führt sich mit dem *Krönungs-Marsch* op. 183 für Alexander II. und mit den Walzern *Krönungslieder* op. 184 für die Kaiserin sowie *Groß-fürstin Alexandra* op. 181 wirkungsvoll ein. Da am Hof französisch ge-sprochen wird, wählt er nun auch französische Titel – wie bei den Polkas *L'Inconnue* op. 182 und *Demi-Fortune* op. 186, bei der *Strelna-Terassen-Quadrille* op. 185 und bei der Mazurka *Une Bagatelle* op. 187. Diese Werke verraten noch keinen neuen «russischen» Stil. Die Unterhaltungsmu-sik jener Zeit ist ja eine international gültige Mischung aus Wiener und Pariser Zutaten – unter Einbeziehung von italienischen, polnischen, böh-mischen, zuweilen auch ungarischen und spanischen Folklorismen. Strauß vertieft jedoch seine Herleitung von klassischen Vorbildern: in den *Krönungsliedern* (V) erkennen wir deutlich Schuberts «Moments mu-sicaux» op. 94,6. Tatsächlich hat Strauß in Pawlowsk viel Kammermusik musiziert: *Wir kommen keinen Tag oder Morgen vor vier Uhr ins Bett, sehr oft aber wird es ½6, und vor einigen Tagen ward es 7 Uhr, da wir mit dem ausgezeichneten Musiker Promberger die Zeit mit Beethoven, Mozart, Schubert u. dgl. höchst poetisch und glücklich verbrachten.*[139]

Strauß hat mindestens 30 Musiker auf eigene Rechnung engagieren müssen. Das wissen wir aus dem Vertrag, den er mit den Direktoren der Zarskoje-Selo-Eisenbahn-Gesellschaft für die Jahre 1857 und 1858 ab-schloß. Gespielt wurde jeweils vom 2. Mai bis zum 2. Oktober, *und zwar*

/a. an den Wochentagen von Sieben Uhr Abends bis zum Abgange des letzten Bahnzuges 9 3/4 Uhr /b. an Donnerstagen von Sieben bis Elf Uhr Abends, nach einem von Herrn Strauß zusammengestellten Program /c. an Sonn- und Festtagen von Sieben bis Eilf und ein Viertel Uhr Abends. An diesen Tagen spielt in den Zwischenakten ein zweites von der Eisenbahn Direktion besoldetes Militair-Orchester /d. Im September Monat, während des Aufenthalts der Kaiserlichen Familie in Zarskoe Selo, bei schönem Wetter, außer der Abend Concerte, noch von Zwei bis Vier Uhr Nachmittags im Pavlofsk Vauxhall oder auf der äußeren Galerie.[140] Um das Petersburger Opernorchester nicht zu dezimieren, mußte sich Strauß verpflichten, ausländische Musiker zu engagieren. Dagegen ließ er im Vertrag die Passage streichen, die ihm die Vorführung neuerer Werke *mit vollem Orchester, und unter seiner persönlichen Leitung* zur Pflicht gemacht hätte. An Freitagen überträgt Strauß einem Kapell-Mitglied die Leitung des Orchesters. Bestimmte Werke arrangiert er für Streichquartett und Harfe und erzielt damit eine verblüffende klangliche Abwechslung. Im übrigen bleibt Strauß in der Programmwahl weitgehend frei, nur

Der «Musik-Bahnhof» Pawlowsk.
Lithographie von C. Schultz nach einer Zeichnung von J. Meyer

dem Geschmacke des hiesigen Publikums[140] verpflichtet. Die Honorierung erfolgt in monatlichen Raten. 1857 und 1858 addiert sie sich auf jährlich 18000 Rubel Silber, 1859 auf 20000 Rubel. Sie wird laufend erhöht bis 40000 Rubel im Jahre 1865, die Einkünfte aus den Benefiz-Konzerten nicht mitgerechnet. Die Zahlen sprechen für sich: in Rußland legt Strauß das Fundament zu seinem Reichtum.

Da Strauß die russischen Werke im kommenden Wiener Karneval jeweils auch als Novitäten anbietet, verdoppelt sich sein Premieren-Angebot. Mit den Johann Promberger gewidmeten Walzern *Telegrafische Depeschen* op. 195 reist Strauß im April 1857 wieder nach Pawlowsk, um das neue Orchester einzuproben und die alten Verbindungen aufzufrischen. *Ihrer Majestät Maria Alexandrowna, Kaiserin von Rußland*, widmet Strauß die Walzer *Souvenir de Nizza* op. 200, der gebürtigen Prinzessin von Baden, Großfürstin Olga, die *Olga-Polka* op. 196. Eine andere Olga ist der Grund, weshalb Schani im Frühjahr 1858 die Geburt des ersten Kindes von Bruder Pepi nicht in Wien abwartet, vielmehr vorzeitig mit dem Diener Wenzl Jakobek nach Rußland reist. Er bringt diesmal nur drei «russische» Werke zustande und erlaubt sich dermaßen viele Extravaganzen, daß er um die Vertragsverlängerung fürchtet. Auf der Rückreise muß er sich gar in Berlin einer mehrtägigen Augen-Behandlung unterziehen. Nervös brütet er über einem Brief an einen Freund, radiert etwa die Hälfte der dritten Seite wieder aus und schließt: *Mein Augenübel hat sich bedeutend gebessert ... Ich bekam gestern aus Petersburg einen Brief von dem Kunsthändler Leibrock, welcher in meinem Namen ... Contract für die nächste Concertsaison abgeschlossen. Stelle Dir meine Überraschung vor ... Nun muß ich zu meiner poetischen Liebe eilen ...* [141]

Die Poesie in Form einer vorher kaum gekannten schlicht-volkstümlichen Innigkeit spricht zum Beispiel aus den Walzern *Abschied von St. Petersburg* op. 210. Ganz anders ist das übermütig-launische Geschenk, das Schani aus Berlin mitbringt und am 24. November im «Grünen Zeisig» erstmals spielt: die *Tritsch-Tratsch-Polka* op. 214. Im übrigen leidet die quantitativ beachtliche Faschings-Produktion 1859 unter ungleichwertiger Verarbeitung. Nur jeweils die ersten Melodien von seinen Walzern op. 215, 221, 223 usw. vermögen zu interessieren. Andererseits nimmt die aus Rußland mitgebrachte Vorliebe für Mazurka-Rhythmen so überhand, daß Strauß sogar die Introduktion der ländlerartigen *Deutschen* op. 220 ins fremdländische Idiom umprägt. Stilistisch einheitlicher bleibt er in den Polkas – ob in melodischer Moll-Einfärbung (*La Favorite* op. 217) oder in gemütvoller Schubert-Nachahmung (*Auroraball-Polka* op. 219).

Daß der Karneval 1859 dennoch nicht ohne Sensation vergeht, verdanken die Wiener einem friedlichen Kompositionsduell, das sich die Brüder Johann und Josef auf sogenannten *Monstre-Bällen*[142] und gemeinsamen Benefiz-Veranstaltungen leisten. Schani beginnt mit seinem Orchester,

Josef antwortet mit dem anderen Orchester. So geht es hin und her, bis man sich zum Schluß in einer gemeinsam komponierten «Monstre-Nummer» vereinigt. Die erste gemeinsame Nummer dieser Art ist die Quadrille *Hinter den Coulissen* nach Offenbachschen Melodien. (1858 war Offenbach am Leopoldstädter Carl-Theater, das Johann Nestroy leitete, mit dem Einakter «Die Hochzeit bei Laternenschein» erfolgreich in Wien eingeführt worden.) Die zweite gemeinsame Komposition, der *Vaterländische Marsch*, ist zur Anfeuerung österreichischer Truppen gedacht, die in der Po-Ebene gegen Sardinien und Frankreich kämpfen. Nach den Niederlagen bei Magenta und Solferino geht jedoch die Lombardei verloren. Wütend streicht Schani den Marsch *Napoleon* (III.) op. 156 aus dem Programm und spielt statt dessen Vaters «Radetzky-Marsch» als wehmütige Erinnerung an glanzvollere Tage. Was hilft es? Ungarn erkennt die österreichische Verfassung nicht an und bleibt dem Parlament fern. Weitere Nationen der Donau-Monarchie drängen auf Selbständigkeit. Selbst Wien hat sich tiefgreifenden Umstrukturierungen zu beugen. Auf Verfügung des Kaisers werden die so beliebten Basteien niedergerissen. Wien erhält 1860 die Selbstverwaltung und gliedert die Vorstädte ein. Es entstehen neun (später zehn) Bezirke.

Im Sommer 1859 drängt Johanns Liebes-Romanze mit Olga Smirnitzki einer Entscheidung zu. *Ich glaube immer mehr und mehr, daß Du das von Gott für mich bestimmte Wesen bist . . .* [143] Schani nennt sie *mein geliebtes*

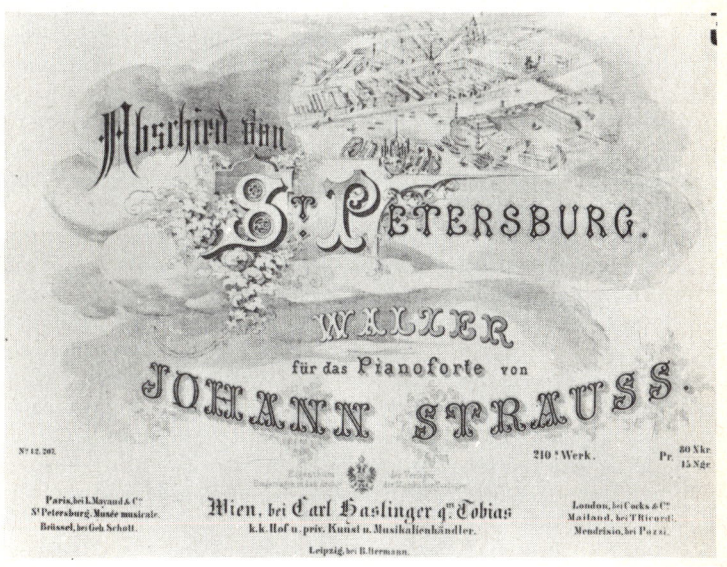

Kind Olga; L'Espiègle; Olga mein Herzchen, mein Ideal, mein teurer En-gel – oder: *Mein Alles, mein Engel*[144]. «Mein Engel, mein alles, mein Ich»[145] sprach 47 Jahre zuvor auch Beethoven seine «unsterbliche Gelieb-te» an. Ganz so platonisch wie Beethovens Begegnung ist Schanis Ver-hältnis zu Olga aber nicht gewesen: *Wie glücklich war ich gestern, als Du mich herzlicher als sonst empfangen und nicht gar so ökonomisch mit Dei-nen Küssen gewesen.*[146] Strauß scheint Olga auch zum Komponieren an-geregt zu haben. Eine ihrer Romanzen spielte er in Wien so häufig auf dem Klavier, daß Pepi sie ihm bald nachspielen konnte. Von der Rück-kehr berichtet Schani: *Gestern spielte ich ... im Volksgarten, allwo sich zweitausend Personen versammelt hatten. Ich wurde als Wienerkind über-aus herzlich, mit einem minutenlangen Applause empfangen; am besten gefiel der Reise-Abenteuer-Walzer* (op. 227), *welcher dreimal repetiert wer-den mußte, auch Deine Polka mazurka, l'Espiègle, in Wien in Der Kobold* (op. 226) *umgetauft, wurde zur Wiederholung verlangt ... Es ist fast allge-mein bekannt, daß ich in Petersburg mein Herz zurückgelassen ...*[147] Doch «Jean» hofft vergeblich. Olgas Mutter hatte einen anderen Mann für sie bestimmt. Anfang 1860 teilte Olga ihrem Jean kurz mit, daß sie Braut sei. «Die herrlichen Stunden, die mir beschieden waren, mit Dir, dem edlen Menschen und großen Künstler, zu verleben, werden nie aus meiner Erinnerung entschwinden. Vergiß Deinen ungetreuen Kobold ...»[148]

Trotz des kummervollen Ausgangs hatte Strauß durch das Olga-Aben-teuer an menschlichem Format gewonnen. Olga hatte aus ihm *einen ande-ren Menschen* gemacht: einen *liebenden Mann*[149], der poetische Briefe schreiben und seine Mitteilungen «reichlich mit drolligen Schnurren und witzigen Bemerkungen»[150] ausstatten kann. Mehrere dieser «Räuberge-schichten» aus russischer Zeit sind biographisch ausgeschlachtet worden – unter anderem jene, in der Jean einem zu allem entschlossenen Vater und dessen heiratswütiger Tochter nur entgehen kann, indem er die eigene polizeiliche Verhaftung arrangiert.[151] Derlei geistvolle Abreaktionen und erzählerische Kompensationen waren notwendig zum seelischen Aus-gleich, denn Jean litt unter Minderwertigkeitskomplexen – insbesondere Frauen gegenüber. Aus Pawlowsk bekannte er einem Wiener Freund: *Du glaubst nicht, wie oft und wie viel ich aufgefordert werde, meine Walzer und Polkas nicht nur zu spielen, sondern auch zu ihren Klängen zu tanzen. Doch Du weißt ja, ich war in meinem Leben kein Tänzer und muß all den wirklich verlockenden und einladenden «Aufforderungen zum Tanz» ein entschiedenes Nein entgegensetzen ...*[152] Strauß, der «beste Walzercompo-nist» (Hanslick), ein Nichttänzer? Viele der besten Tanzkomponisten wa-ren tatsächlich Nichttänzer: so auch Weber (auf den Jean anspielt), Schu-bert und der eigene Vater. Die mitreißenden Tänze dieser Komponisten scheinen schöpferische Versuche zu sein, den eigenen Mangel zu über-kompensieren.

«Es gibt Kopfwalzer, Fußwalzer, Herzwalzer ... Die zweiten sind die

Strauß'schen»[153], hatte Robert Schumann 1835 über des Vaters Produktionen geschrieben. «Kopfwalzer» waren Jeans Walzer der Liszt-Periode 1856/57. Doch nun schreibt er «Herzwalzer», seit er für Olga geschwärmt und mit ihr *die Schmerzenslaute Schumanns* vernommen hat (*. . . eine weiche Melancholie, die durch die Schumann'sche Musik bis in's Höchste gesteigert, schließlich mein Herz zu zerreißen drohte*[154]). Die ersten «Schumannschen Walzer» Jeans sind die *Reiseabenteuer* op. 227. In ihnen herrschen gewählte Harmonie-Verbindungen und Moll-Töne vor. Die Melodik ist sehr geschmeidig. Immer wieder kommen dynamische Zurücknahmen vor. Im Frage- und Antwort-Verhältnis sind die Motive in den beiden Walzern Nr. IV zusammengeführt: sind das nicht Olga und Jean im musikalischen Zwiegespräch? *Ich will mich durch Musik trösten*[155], hat Jean seinem *Kobold* geschrieben . . .

Jetty, die Erste

War Strauß ein «Vielschreiber»? Es gab bei ihm Monate, wo er überhaupt nicht komponierte, und dann wieder Wochen, in denen mehrere Tanz-stücke entstehen konnten. Durchschnittlich schrieb er je Monat ein Werk. In Josefs Debut-Jahr 1853 wurden zwanzig Nummern von Schani ediert. Mit nur sieben Nummern ist 1863 das schwächste Publikations-Jahr – ausgerechnet jenes Jahr, in dem Strauß endlich den Titel eines k. k. Hofballmusik-Direktors erhält.

	Walzer	Polka	Quadrille	Marsch			
vierziger Jahre	27	10	22	7		außerdem: 1 Csárdás 1 Potpourri	
fünfziger Jahre	64	46	24	16	Mazurka 6		
sechziger Jahre	39	46	12	3	10	außerdem: 1 Galopp 2 Romanzen	

Wie die Übersicht edierter Werke uns zeigt, tritt in den sechziger Jahren an die Seite des «Walzerkönigs» der «Polkakönig». Neben der soge-nannten Polka-Mazurka und der eigentlichen Polka («Polka française») schreibt Schani auch Schnellpolkas, die zum Teil den vom Vater gepfleg-ten Galopp-Typus wieder aufgreifen. Quadrillen und Märsche werden vernachlässigt. Zum Marsch-Jubel besteht kaum noch Anlaß. Politische Niederlagen und verlorene Kriege führen zu schmerzlichen Amputatio-nen an der Donau-Monarchie.

Wien ist – trotz allem – neben Paris die eigentliche musikalische Haupt-stadt der Welt. Wagner, Brahms und Bruckner nehmen ihren Wohnort in Wien. Berlioz, Liszt, Bülow, A. Rubinstein und Offenbach konzertieren hier und treffen mit Strauß zusammen. Es gärt in diesem Wien der sechzi-ger Jahre, in denen die Basteien demoliert werden und zahlreiche neue Gebäude und Konzertsäle entstehen. Die Ringstraße wird eröffnet. Jean gewinnt neue Freunde, einen neuen Verleger und seine erste Frau. Künstlerisch steht er auf dem Höhepunkt: es ist das Jahrzehnt der großen, der berühmtesten, der sogenannten geflügelten Walzer, die um die Welt gehen werden. Wien wird in der Tanz- und Gesellschafts-Musik beherrscht von der «Firma Strauß» mit seinem künstlerischen Oberhaupt «Johann II.». Als menschliches und organisatorisches Clan-Oberhaupt aber waltet nach wie vor die Mutter, der «Schatzmeister» im Hirschenhaus, der für Jean unter anderem die Einkommensteuer entrichtet. Da nun auch der jüngste Bruder, Eduard, als Kapellen-Leiter hervortritt, scheint die Monopolisierung der Tanzmusik in Wien unaufhaltsam.

Eduard, ursprünglich für den Konsulardienst vorgesehen, ließ sich von Jean zum Harfenspielen und Dirigieren überreden. Im Klavier- und Geigenspiel wurde er, wie einst seine Brüder, von Franz Amon unterrichtet. Den Musiktheorie-Unterricht erteilte der Domkapellmeister Gottfried Edler von Preyer, den Harfen-Unterricht der Hofopern-Solist Anton Zamara. Bereits als Neunzehnjähriger hatte Eduard am 11. Februar 1855 unter der Leitung Schanis im Sofien-Bad-Saal mitgewirkt – als Harfenspieler in den *Glossen* op. 163. Danach wurde er «aus dem Verkehr gezogen». Nur langsam machte er künstlerische Fortschritte. Übergroße Nervosität vereitelte die erstrebte Anstellung an einem deutschen Hoftheater. Erst im Fasching 1861 wagten die Brüder den Versuch, mit Edi als Dirigenten und Komponisten gemeinsam zu debütieren. Von Schani kamen die *Dividenden* op. 252, von Pepi die Walzer «Flammen» und «Maskengeheimnis» (op. 101/102) zur Uraufführung. Eduards «Iris-Polka» (op. 9) ließ man vorsichtshalber unter Pepis Namen ankündigen. Nach 50 Tänzen, die von den drei Kapellen abwechselnd gespielt wurden, gab es abschließend die Attraktion einer *Monstre-Galoppade, wobei Galoppen von weiland Strauß und Lanner, mit einem neuen eigens hierzu componirten Schlußsatz von Johann und Josef Strauß, unter Gesamtwirkung aller 3 Orchester aufgeführt* [156] wurden. Musikgeschichtliche Parallelen bieten sich an – etwa zu Giovanni Gabrielis drei getrennt aufgestellten Chören (Venedig, um 1600) oder zu Karlheinz Stockhausens «Gruppen» für drei Orchester (Köln 1958).

Über ein Jahr vervollkommnete sich Eduard noch im Violinspiel. Als er dann am 8. April 1862 im Wintergarten des Diana-Bades in der Leopoldstadt das Strauß-Orchester zum erstenmal allein leitete, wurde er von den Wienern sogleich angenommen und als «schöner Edi» ins Herz geschlossen. Schani konnte das Orchester alternierend seinen Brüdern Pepi und Edi überlassen und sich mehr auf das Komponieren konzentrieren. Im russischen Sommer 1861 hatte er das erste rein symphonische Stück komponiert, den *Musikalischen Scherz Perpetuum mobile* op. 257. Über einem Baß-Ostinato ergehen sich die Orchester-Instrumente in drolligen Einfällen. Der Schluß, ein allmähliches Decrescendo des Ostinatos bis zur Unhörbarkeit, hat unsere Schallplatten-Produzenten zur Technik des dynamischen Wegdrehens angeregt. Diese «konzertanten» Effekte eigne-

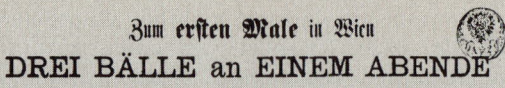

Zum erſten Male in Wien

DREI BÄLLE an EINEM ABENDE

im

Sofien - Bad - Saal.

Dienſtag den 5. Februar

MONSTRE - BALL

als

Strauß Benefice,

bezeichnet:

Carnevals Perpetuum mobile, oder: Tanz ohne Ende.

Drei große Orcheſter,

wovon eines unter der Leitung des
JOHANN STRAUSS,

das andere unter der Leitung des
JOSEF STRAUSS,

das dritte zum erſten Male unter der Leitung des

EDUARD STRAUSS,

Das Tanz-Programm, welches von ſämmtlichen Orcheſtern ununterbrochen (ohne Pauſe) ausgeführt wird, enthält

14 Walzer,	8 Polka-Schnell.
10 Quadrilles,	1 Schottiſch,
9 Polka français,	in Summa 50 Tänze.
8 Polka Mazurka,	

Vor der Ruheſtunde : **Monſtre - Galoppade,**

wobei Galoppen von weil. Strauss und Lanner, mit einem neuen eigens hiezu componirten Schluß-
ſatze von Johann und Josef Strauss, unter Geſammtwirkung aller 3 Orcheſter aufgeführt werden.

An neuen Compoſitionen von Johann Strauß:
Dividenden (Walzer). Wahlſtimmen (Walzer). Klangfarben (Walzer). Camelien-Polka.

An neuen Compoſitionen von Joſef Strauß:
Flammen (Walzer). Schabernak-Polka, Iris-Polka Mazurka, Caroußſel-Quadrille, Masken-Geheimniſſe (Walzer).

Die Tänze leitet Herr NOWODWORSKY.

Eintrittskarten à 1 fl. 50 kr. Oe. W. für Eine Perſon

Geſellſchaftskarten für 4 Perſonen à 5 fl. Oe. W., ſind in der k. k. Hof-Muſikalienhandlung des Carl Haslinger,
ſowie in den bekannten Billeten-Verkaufskarten des Sofien-Bad-Saales zu haben. — An der Caſſa 2 fl. Oe. W.

Johann und Joſef Strauss.

1861 treten die drei Brüder Johann, Josef und
Eduard Strauß mit drei Orchestern auf

ten sich nicht zum Tanzen, jedoch zur Vorstellung zum Beispiel in Cortis
Kaffee-Garten, wo an Spätsommer-Abenden die Diplomaten, hohe Mili-
tärs, Bankiers, Patrizier, Bürger, die schöngeputzten Damen mit Schlep-
pe plauderten, scherzten und sofort verstummten, wenn der elegante
Jean vor sein Orchester trat. Zur Eigenart seines Dirigierens gehörte es,

«daß er den Fiedelbogen, mit dem er bis nun den Takt gegeben, plötzlich an die Geige setzte, und als sein eigener Primgeiger sein mitreißendes Brio der ganzen Kapelle mitteilte ... Das Orchester schien mit einem Male verdreifacht und der magischen Gewalt der einen alles übertönenden Geige folgend. Diese Zaubergewalt aber kam von dem gewissen ‹Walzerstrich› her, der ... dem Wiener beiläufig das geworden war, was die winselnde Zigeunerfiedel dem Magyaren.»[157]

Die «Zaubergewalt» des «Rattenfängers von Wien»[158] wirkte auch im Salon des Bankiers Moritz Tedesco in der Kärntnerstraße, wo Strauß mit dem belgischen Violin-Virtuosen Henri Vieuxtemps gemeinsam musizierte. Besonders der Klavier-Vortrag der *Schallwellen* op. 148 beeindruckte die Gastgeberin «Henriette von Treffz». Sie war die Geliebte des Bankiers Tedesco, eine «geistvolle Frau» mit den Kennzeichen: «Eine ebenmäßig volle Gestalt, ein lebenssprühender Kopf mit dunklen Glanzaugen und üppiger Haarfülle. Alles an ihr Verve und Temperament. Dazu die Silberstimme der Gesangskünstlerin, die sie war ...»[159] Die Tochter des Josefstädter Gold- und Silberarbeiters Joseph Chalupetzky war mit ihrer Mezzosopran-Stimme früh entdeckt worden. In Dresden hatte sie neben der Wilhelmine Schröder-Devrient gewirkt, am Theater an der

Der Cortische Kaffeehaus-Garten mit Orchester-Rotunde

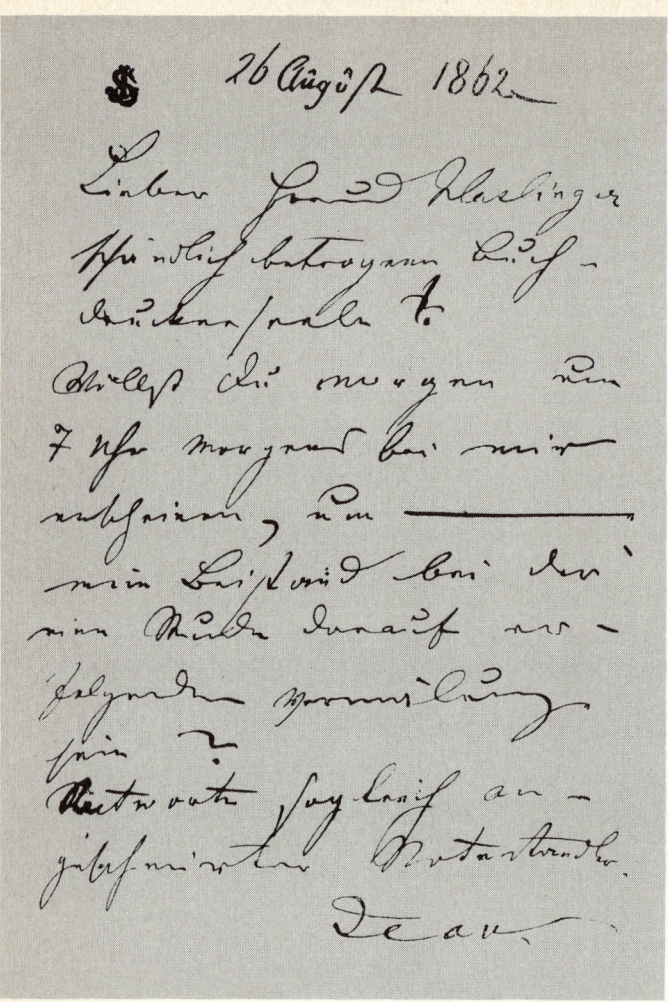

Strauß bestellt seinen Verleger Carl Haslinger zum Trauzeugen

Wien neben Jenny Lind – auch unter der Leitung von Hector Berlioz. Strauß kannte sie seit über fünfzehn Jahren. Als er im Salon der Veronika Greiner unbefangener mit ihr verkehren konnte, faszinierte ihn besonders das Wesen der mütterlichen, verstehenden Künstlerin.

Bei Henriettes Entscheidung für den um sieben Jahre jüngeren Strauß mag «ein psychologisches Moment der Frauenseele mitgewirkt haben:

Eine wachsende Unzufriedenheit mit der bei allem materiellen Wohlleben ja doch nicht einwandfreien sozialen Stellung, und die dadurch immer reger werdende Sehnsucht, als legitime Ehefrau dastehen zu können.»[160] Jetty setzte sich von einer ungeliebt gewordenen Vergangenheit einfach ab und begann mit Strauß ein neues Leben. Ihre sieben damals zwischen 10 und 21 Jahre alten unehelichen Kinder überließ sie den natürlichen Vätern zur weiteren Erziehung. Schanis Mutter war nicht gerade begeistert von dieser Wahl ihres Ältesten. Um Aufsehen zu vermeiden, wurde im engsten Familienkreis eine Strategie diskutiert und äußerste Geheimhaltung vereinbart. Folgende Aktivitäten[161] geben darüber dennoch Auskunft:

8. April 1862	Debut Edis als Leiter der Strauß-Kapelle (weil Johann «nach seiner Verheiratung sich nur mehr an der Direction der Volksgarten-Concerte zu beteiligen gedenkt»[162]);
27. Juli	Reisepaß nach Rußland für Pepi beantragt;
2. August	Pepi dirigiert neben Schani die Pawlowsker Kapelle;
6. August	Schani reist plötzlich ab (angeblich aus Krankheitsgründen) und überläßt Pepi allein das Orchester;
23. August	Schani beantragt beim Wiener Magistrat die Ehebewilligung;
24. August	Bestellung des kirchlichen Aufgebots;
25. August	der Wiener Magistrat stimmt einem Fristen-Dispens zu;
26. August	Benachrichtigung des Trauzeugen Carl Haslinger (der andere ist der k. k. Primar-Arzt Dr. Franz Scholz): *Lieber Freund Haslinger, schändlich betrogene Buchdruckerseele! Willst Du morgen um 7 Uhr morgens bei mir erscheinen, um – mein Beistand bei der eine Stunde darauf erfolgenden Vermälung zu sein? Antworte sogleich, angeschmirter Notentandler. Jean.*[163]

Zwei Tage nach der Hochzeit im Stephansdom reisen die Neuvermählten nach Venedig. Bei der Rückkehr verwöhnt Strauß seine Sperl-Anhänger am 22. November gleich mit drei Uraufführungen: die Walzer *Carnevals-Botschafter* op. 270 bringen in der Introduktion eine Mozart-Parodie («Eine kleine Nachtmusik»), einen achtundzwanzigtaktigen Walzer (I, 1) und freiere Begleitformen; das stilistische Pasticcio *Demolirer-Polka* op. 269 zeichnet das Gegeneinander von niedergerissenen Häusern (zop-

Jetty und Jean, 1863 in Rußland. Zeitgenössische Fotografie

figer Anfang) und Ringstraßen-Neubauten (neuwiener Elan) akustisch nach; die liebliche *Bluette-Polka* op. 271 ist Jetty gewidmet.

Jetty und Johann wohnen zunächst in der Innenstadt, ziehen dann aber in die Leopoldstadt um (II., Praterstraße 54). Sie beteiligen sich an Häuserbauten und spekulieren mit Immobilien. Jetty ist von Moritz Tedesco großzügig abgefunden worden, und auch Jean hat mehr als 60 000 Gulden an Barvermögen in die Ehe eingebracht – Restbestand jener Pawlowsker Honorare, die Tante Josefine Waber für ihn umsichtig vereinnahmt hatte. Die neuen, vielfältigen Aufgaben drosseln Jeans Komponier-Vermögen.

Haslinger drängt auf Lieferung im früheren Umfang. Für eine *zusammengestoppelte Quadrille*[164] über deutsche Volkslieder wie «Du, du liegst mir im Herzen» (op. 275) erhält Strauß zwar 200 Gulden gutgeschrieben, doch Haslinger und Büttner versuchen, ihn in einer Rubel/Gulden-Umrechnung zu übervorteilen. *Ich weiß ja, daß Ihr keine Gelegenheit übersehet, wo Ihr Eure ... Componisten zwicken und ausziehen könnt, doch diese oben erwähnte Gräuelthat beweist, daß Ihr nur uns armen Compositionswerkern das Blut auszusaugen in Absicht habet.*[165] Es kommt zum Bruch. Ende des Jahres 1863 wechselt Strauß zu Carl A. Spina über. Er hat nun sein *Millionenstückel*[166] Jetty, die ihn berät. Im übrigen ist er gerade zum k. k. Hofballmusik-Direktor ernannt worden und braucht sich als Künstler nichts mehr vorschreiben zu lassen.

Anfang April 1863 ging Jetty zum erstenmal mit auf die Rußland-Reise. *Auf den Geschmack des großen Publicums speculierend*[167], schrieb Jean die *Bauern-Polka* op. 276. Der russische Kaiser erfuhr davon, kam ins Konzert und verlangte sie zu hören. *Die Bauernpolka rief einen Beifallssturm hervor, wie noch kein Beethovenscher Symphoniesatz solchen erhalten konnte, da selbst die Orchestermitglieder in den Beifall einstimmten und wie das Publicum vergaßen, daß die Composition ein elender Schmarn ist.*[168] Jetty sang auf dieser Reise die eigens für sie komponierte Romanze *Dolci Pianti*. Anläßlich eines Hofkonzerts in St. Petersburg sang sie Lieder von Schubert, Mendelssohn und Schumann. Sie blieb auch in Wien der Gesangskunst noch lange ergeben, sang im häuslichen Kreise und wirkte bei Messen in der Minoritenkirche mit. Im übrigen verstand sie es, ihren Jean von den Alltäglichkeiten zu entlasten. Sie wurde seine Sekretärin, Buchhalterin, Tournee-Vorbereiterin, Noten-Kopiererin und – Krankenpflegerin. Sie schuf ihm ein behagliches Heim und brachte das psychologische Kunststück fertig, ihren Jean von der so starken Mutterbindung allmählich abzulösen und sein künstlerisches Selbstbewußtsein zu stärken. Fraglich ist, ob die so grandiose Reihe der «geflügelten Walzer» und Jeans Wandlung zum «Operettenkönig» ohne Jettys Einfluß je zustande gekommen wären ...

«On the Banks of the Blue Danube»

Der «Wendepunkt in der Straußschen Walzerkomposition»[169] – ein «Markstein, über den hinaus man ein Wachsthum kaum mehr für möglich halten konnte»[170] – trat mit den *Morgenblättern* op. 279 ein. Strauß komponierte für die Concordia-Bälle im Sofien-Bad-Saal von 1862 (*Wiener Chronik* op. 268) bis 1869 (*Illustrationen* op. 331) jährlich eine Walzer-Folge. Die «Concordia» war übrigens eine 1859 gegründete Not- und Hilfsgemeinschaft Wiener Journalisten. Am 22. Januar 1864 kam es zu einem «Walzer-Duell» zwischen Offenbach und Strauß. Offenbach weilte in Wien, um die Hofopern-Uraufführung der «Rheinnixen» (8. Februar) vorzubereiten. Für die Concordia schrieb er die «Abendblätter» (die heute vergessen sind); Strauß konterte mit den *Morgenblättern*, die bald sehr populär wurden. Schon die einleitende Anglaise klingt mit ihren Quint-Bässen wie eine vertraute Operetten-Einlage. Und gleich der erste, etwas stotternde Walzer animierte die Wiener zu einer sentimentalen Textunterlegung[171] – frei nach Schiller:

Träum ich, ist mein Au - ge trü - ber, o - der
täuscht mich ein Ge - sicht? Mei - ne Min - na
geht vor - ü - ber, mei - ne Min - na kennt mich nicht!

In der Operette *Wiener Blut* wurde der Text «Grüß dich Gott, du liebes Nesterl» unterlegt. Beinahe jede der physiognomisch so verschiedenen zehn Walzer-Melodien ist zum Volkslied geworden. Das vielfältig agierende Orchester spart Strauß in der modulationsreichen Coda aus, um es in der abschließenden Stretta um so wirkungsvoller explodieren zu lassen.

Wenige Tage vor den *Morgenblättern* hatte Strauß für Wien einen neu-
en Tanz kreiert: die Schnellpolka. Die Medium-Polka («Polka française»)
schien erschöpft: «Denn bei aller Straußfamilie, es fehlte der Polka das
Genie, das sich nie mit Zweivierteln einließ.»[172] Das sollte nun anders
werden. Der Polka sagte man eine böhmische Herkunft nach, ehe man sie
Mitte der vierziger Jahre von Paris aus vermarktete: «... man trug die
Haare à la polka, man salbte sich mit Polkapomade, man aß Kuchen à la
polka, man trug Kleider à la polka usw.»[173] In Wirklichkeit handelte es
sich um die leicht abgewandelte Wiederaufnahme des als «Schottisch»
bekannten Tanzes, den man in Bayern als «Rheinländer», im Rheinland
als «Bayrische Polka» bezeichnete. Strauß aktivierte zunächst die turbu-
lentesten Galoppe seines Vaters für die laufenden Ball-Produktionen

77

(vgl. auch die *Furioso-Polka* op. 260), um im Fasching 1864 endlich mit eigenen Resultaten aufzuwarten. Die erste Schnellpolka, die *Juristen-Ball-Polka* op. 280 (am 18. Januar im Sofien-Bad-Saal gespielt), beginnt wie eine etwas schnellere Medium-Polka, legt dann aber mit dem wirbelnden zweiten Thema richtig los. Im Trio fahren Synkopen dazwischen. Nicht nur die Juristen kamen bei Strauß ins Schwitzen. Einen Tag später waren – im Redoutensaal der Hofburg – die Industriellen dran. Die fünfminütige Schnellpolka *Vergnügungszug* op. 281 bringt Überraschungs-Pausen, harmonische Rückungen, purzelnde Ton-Skalen, schnelle Geigen-Glissandi und eine Melodienfülle, die für drei Polkas gereicht hätte. Der «Polkakönig» Strauß hat ferner mit *Leichtes Blut* op. 319 (1867) und *Unter Donner und Blitz* op. 324 (1868) bewiesen, daß man auch im Zwei-Viertel-Takt Genie entfalten kann. Der sonst im Schatten der Brüder stehende Eduard läßt sich mitreißen: die Schnellpolka «Bahn frei!» (1869) ist wahrscheinlich sein bestes Werk.

Mit der Schnellpolka haben die Wiener seit dem Fasching 1864 eine Attraktion mehr, die nun stets die Bälle abschließt. Das Strauß-Orchester spielt die Tänze in folgender Reihung[174]:

1. Walzer: *Nachtfalter* op. 157 (6 Minuten) – 5 Minuten Pause
2. Quadrille: *Chansonetten-Quadrille* op. 259 (15 Minuten) – 5 Minuten Pause
3. Medium-Polka: *Bauern-Polka* op. 276 (6 Minuten) – 5 Minuten Pause
4. Walzer: *Leitartikel* op. 273 (6 Minuten) – 5 Minuten Pause
5. Quadrille: *Lieder-Quadrille* op. 275 (15 Minuten) – 7 Minuten Pause
6. Cotillon: *Morgenblätter*-Walzer op. 279, Medium-Polka *Neues Leben* op. 278, Schnell-Polka *Vergnügungszug* op. 281 (mit Wiederholungen eine Stunde) – 45 Minuten Pause
7. Damenwahl-Walzer: *Lebenswecker* op. 232 (5 Minuten) – 4 Minuten Pause
8. Lancier: «Lanciers-Quadrille» op. 64 von Josef Strauß (20 Minuten) – 4 Minuten Pause
9. Medium-Polka: *Demolirer-Polka* op. 269 (5 Minuten) – 4 Minuten Pause
10. Walzer: *Carnevals-Botschafter* op. 270 (5 Minuten) – 4 Minuten Pause
11. Schnell-Polka: *Juristen-Ball* op. 280 (5 Minuten)

Die Finesse dieser Planung liegt in dem programmierten Erregungs-Crescendo: breiter ausgeführte erste Hälfte mit dem Höhepunkt der Cotillon-Tanzspiele; Pause zum Soupieren; gestraffte zweite Hälfte mit kürzeren Tänzen und kürzeren Pausen. Am Anfang der Hälften stehen jeweils ältere Werke, um das Repertoire zu nutzen. Den Abschluß bildet der erfolgreichste Tanz der Saison. Neue Werke schleust Strauß in den Cotillon ein. Hier können durch mehrfache Wiederholungen die neuen Melodien sich dem Ohr der Tänzer und Zuhörer einprägen.

Die neuen Karnevals-Produktionen bringt Strauß am 11. April 1864 auch in Berlin zu Gehör, wo er mit der Königlichen Theater-Orchester-schule den *Verbrüderungs-Marsch* op. 287 uraufführt. Er ist König Wilhelm I. gewidmet, während der *Deutsche Kriegermarsch* op. 284 dem österreichischen Kaiser Franz Joseph überreicht wird (wofür Strauß die «Goldene Künstler-Medaille» erhält). Österreicher und Preußen kämpfen gemeinsam in Schleswig gegen dänische Truppen und nehmen ihnen die Herzogtümer Schleswig, Holstein und Lauenburg ab. Auf die kriegerischen Ereignisse geht auch die Polka *'S gibt nur a Kaiserstadt, 's gibt nur a Wien* op. 291 mit der abschließenden Haydn-Hymne ein. Strauß brachte diese Polka gemeinsam mit dem *Persischen Marsch* op. 289 und den (Professor Hanslick gewidmeten) Walzern *Aus den Bergen* op. 292 am 4. Dezember im Volksgarten zu Gehör, um sein zwanzigjähriges Wirken in der Öffentlichkeit gebührend zu feiern. Der Marsch, *mit Benützung eines persischen Motives im Trio*, stellt den ersten direkten Niederschlag persischer Musik in der abendländischen Kunstmusik dar. Übermäßige Sekund, Tonwiederholung, Moll-Tonart, Grotesk-Pausen, Kurzmotive, Murky-Baß, Pizzicati, Piccolo-Tupfer ... Strauß bietet uns ein großes Repertoire charakterisierender Details, die in ähnlicher Weise von zahlreichen Nachahmern zur Operetten-Rekonstruktion auch anderer Idiome benutzt worden sind.

Das interessanteste Psychogramm bietet indessen die Walzer-«Symphonie» *Aus den Bergen* – harmonisch äußerst gewählt, melodisch ausgefeilt, im übrigen von gigantischen Ausmaßen (allein die Coda ist 184 Takte lang). Übersteigerter Ländler-Stil, die gleiche Tonart und der ähnliche Titel verraten uns, daß Jean die «Dorfschwalben aus Österreich» op. 164 seines Bruders Pepi überbieten wollte, die drei Monate zuvor (9. September) neben der «Frauenherz»-Mazurka op. 166 ebenfalls im Volksgarten uraufgeführt worden waren. Der einstige «Vielschreiber» Josef tritt nun als ein echter Konkurrent auf. Josef ediert bei Spina zuweilen doppelt (1865, 1869) oder gar dreimal so viel wie Johann (1856, 1863, 1867, 1868). In den sechziger Jahren bringt es Jean maximal auf 18 Editionen (1861), Josef aber auf 30 (1867). Zugegeben: die frühen Walzer Pepis enthalten viel Leerlauf und allzu kurze Codas. Noch in Jeans Hochzeitsjahr 1862 scheinen *die Werke Josef's nicht einmal in St. Petersburg durchgegriffen*[175] zu haben. Doch Pepi wußte sich durch das fleißige Arrangieren von Klavierstücken, von Opern-Fragmenten und durch das Uminstrumentieren konzertanter Musik erheblich zu steigern. Vornehmlich durch Richard Wagner ließ er sich auf harmonischem Gebiet inspirieren (vgl. die Introduktionen zu den «Delirien» op. 212 und «Sphären-Klängen» op. 235). Übrigens war es Josef, der die Uraufführung von Fragmenten aus Wagners «Tristan und Isolde» und aus den «Meistersingern» 1860 bzw. 1868 im Wiener Volksgarten mit dem Strauß-Orchester besorgte.[176]

Josefs Adressatenkreis hatte sich gewandelt. Am Anfang stand das Heimat-Bekenntnis zur Geburtsstadt Wien (vgl. «Wiener Kinder» op. 61). Dann widmete sich der Techniker Pepi der modernen Welt und den modernen Sportarten (vgl. «Neue Welt-Bürger» op. 126, «Vélocipéde» op. 259, «Jokey» op. 278). Den meisten Platz beanspruchten stets die Frauenporträt-Polkas (vgl. «Die Naive» op. 77, «Die Emancipirte» op. 282). Zuletzt wandte sich Josef der Medizin und Therapie zu (vgl. «Die Clienten» op. 156, «Heilmethoden» op. 189). Mit den späten Walzer-Folgen «Streich-Magnete» op. 141, «Geheime Anziehungskräfte (Dynamiden)» op. 173 und «Delirien» op. 212 bezieht sich Josef auf Karl Freiherr von Reichenbach, den Entdecker des Paraffins und Kreosots, der «Dynamide» und «Od-Kräfte». Die am 30. Januar 1865 auf einem Industriellen-Ball in der Hofburg uraufgeführten «Dynamiden-Walzer» sind in die Walzer-Geschichte eingegangen, weil Richard Strauss den Haupt-Walzer im «Rosenkavalier» (Ochs von Lerchenau: «Ohne mich . . .») dem 42 Takte langen Kopf-Walzer Josefs nachgeformt hat.

Reichenbach war Besitzer der Gastwirtschaft «Krapfenwaldel» bei Grinzing, in der schon Strauß Vater im Sommer 1828 seinen gleichnamigen Walzer op. 12 uraufgeführt und Jean am 6. Juli 1870 – kurz nach dem Tode des Freiherrn – die gleichnamige Polka op. 336 gespielt hat. Von Reichenbach geht die empirische Walzer-Forschung aus. Schon 1854 veröffentlichte er mit Namensnennung der befragten Personen, daß vierzehn Personen «durchaus nicht walzen» konnten, «ohne vor Schwindel sogleich umzufallen»; zehn Personen «tanzen . . . mit wenigen Touren und auch diese ohne eigentliche Lust oder jugendliche Begierde, im Kampfe mit beständigem Schwindel»[177] usw. Der schönste Tanz, eben der deutsche Walzer, bewirke «eine vollständige Perturbation»[178] aller Empfindungen. Der sensitive Musiker könne zwar «über die Aufmerksamkeit eine gewisse Spannung bringen, die fort und fort neu aufgeregt, aber dabei niemals ordentlich und genügend befriedigt wird, weder in der Richtung der Lust noch der Unlust»[179]. Was der «Weise vom Berge»[180] da erforscht hat, gewährt einen wichtigen Einblick in die Psyche der Walzer-Tänzer. Diese scheinen im Tanzen die «fortwährende Beunruhigung» – die «eigenthümlich krankhafte Verstimmung des Nervensystems»[181] – gesucht und den Strauß-Walzer als eine Art Droge gebraucht zu haben.

Zum Jahreswechsel 1864/65 waren Johann und Josef schwer erkrankt. Gemeinsam wurde für den Faschingsball des Künstler-Vereins «Hesperus» der «Trifolien-Walzer» komponiert. Johann schrieb den ersten Walzerteil und die Coda; Josef und Eduard komponierten jeweils zwei Teile. Auf dem Titelblatt der Klavierausgabe bedienen drei Kobolde eine Riesengeige: einer (Jean) drückt die Saiten, die beiden anderen (Pepi und Edi) sägen mit dem Bogen auf den Saiten herum . . . Für Johann reiste

Von Geld ist die Rede, von wem noch?

«Wenn der gewisse Posa sagte…

... das Leben sei doch schön, so war der Mann gewiß nie außer Engagement oder hat Privatvermögen gehabt.» Der Mann, der dies schrieb, hatte kein Privatvermögen und war (als Schauspieler und Kapellmeister in Leipzig) gerade mal wieder ohne Engagement.

Mit Notenkopieren hielt er sich über Wasser, und dabei verdienten andere bereits an den Noten, die der Mann selbst komponiert hatte: «Gegenwärtig liege ich mit Petersburg in den Haaren. Das Sauvolk hat zwei Opern von mir gegeben und will nicht bezahlen.» Komponisten waren seinerzeit noch der Willkür oder der Gnade von Operndirektoren ausgeliefert.

Doch dann kam das Angebot aus Wien: «Gott! wie miserabel kommt mir jeder vor, der nicht in Wien engagiert ist!» Für 12 000 Gulden (die Hälfte ging für Miete drauf) wurde er Kapellmeister am Theater an der Wien. Zwei Jahre später mußte er wieder das beschwerliche Wanderleben eines Gastschauspielers aufnehmen: «Der deutsche Komponist [folgt sein Name] muß alle 8–10 Tage seine Familie verlassen! Ihre geringe Barschaft reicht kaum so weit, bis er wieder etwas verdient hat. Er selbst hat kaum so viel, um den Dampfwagen bezahlen zu können...»

Als er 1851 starb, hieß es von ihm in einem Nachruf: «Während seine Schöpfungen Tausende entzückten, während seine Melodien in den entferntesten Ländern erklangen, während seine Lieder im Munde des Volkes lebten, lebte er kümmerlich ein sorgenvolles Dasein.» Von wem war die Rede?

(Alphabetische Lösung: 12-15-18-20-26-9-14-7)

Eduard, begleitet von Frau und Tante Waber, nach Pawlowsk. Da Jean im Zusammenhang mit der feierlichen Ringstraßen-Eröffnung am 1. Mai 1865 doch länger als erwartet in Wien gehalten wurde, kam er erst im August zur Ablösung nach Pawlowsk und mußte eine vertraglich vereinbarte Strafgebühr bezahlen. Strauß schloß danach keinen Vertrag mehr ab. Im zehnten und vorerst letzten Sommer verabschiedete sich Strauß vom russischen «Musik-Bahnhof» mit einer Pointe: er brachte die «Tänze der Mägde» des jungen Tschaikowsky zur Uraufführung und schrieb sich damit als erster in die Liste der Tschaikowsky-Dirigenten ein.

1865 bricht in Wien die Cholera aus. Vorübergehend müssen die Theater und Ball-Säle geschlossen werden. Strauß gastiert weiterhin im Volksgarten und ist nach dem Zeugnis von Johann Herbeck [182] der einzige Orchester-Konzertgeber Wiens am Jahresende 1865. Uraufgeführt werden die Polkas *Kreuzfidel* op. 301 und *Die* Zeitlose op. 302 (beide am 12. November), die Quadrille *Bal champêtre* op. 303 (21. November) sowie die Polka *Kinderspiele* op. 304 (5. Dezember). Strauß popularisiert seinen Stil; und er vereinfacht ihn, um die Instrumentation verfeinern zu können. Dies zeigen auch die Karnevals-Novitäten von 1866, insbesondere die *Wiener Bonbons* op. 307. Alle Walzer sind 32 Takte lang. Die drei Harmonie-Stufen 1 (Tonika), 4 (Subdominante) und 5 (Dominante) stehen wieder im Vordergrund. Parallele Terzen und Sexten verstärken die Melodie. Es gibt – seit den *Hofball-Tänzen* op. 298 (1865) – motivisch verklammerte Paar-Typen. Den krönenden Abschluß bildet ein «Trompeten-Walzer».

Im Juni und Juli 1866 kam es zum Krieg um die Vorherrschaft in Deutschland. Was nutzten Österreich die Siege bei Custozza und Lissa, da doch die Hauptschlacht am 3. Juli bei Königgrätz verlorenging? Strauß, der seine Häuser zur Unterbringung verwundeter Offiziere angeboten hatte, veranstaltete am 8. Juli im Prater ein Corso-Fest, dessen Reinertrag von 800 Gulden den verwundeten Kriegern zugute kam. In Wien trauerte man auch darüber, daß nunmehr «das alte Deutsche Reich Karls des Großen wahrhaft aufgelöst» [183] war. Politisch bestand der Deutsche Bund nicht mehr fort – wohl aber musikalisch. Die preußischen Militär-Kapellen spielten auch nach Königgrätz zu ihren Siegesfeiern jeweils einen Strauß-Walzer im Anschluß an die Hymne «Heil Dir im Siegerkranz». Und Strauß selber versuchte seinen Landsleuten neuen Mut einzuflößen – durch die Komposition seiner wohl bekanntesten Walzer-Folge *An der schönen blauen Donau* op. 314. Der vom Polizeikommissar Josef Weyl unterlegte Text spielt in kabarettistischer Weise auf die Zeitereignisse an:

> Wiener seid froh! – Oho, wieso?
> Ein Schimmer des Lichts – Wir seh'n noch nichts.
> Der Fasching ist da – Ah so, na ja!
> Was hilft denn das Trauern und das Bedauern?
>   Drum froh und heiter seid!

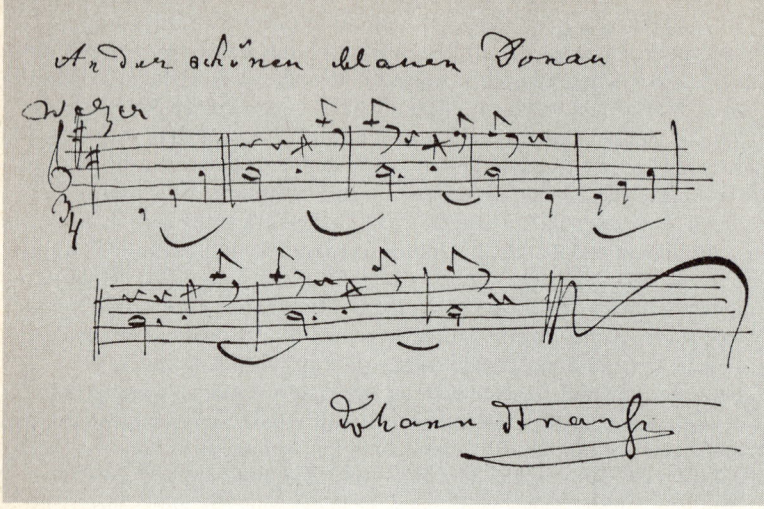

Weyl war der Hausdichter des Wiener Männer-Gesang-Vereins, für den Strauß schon 1847 die Walzer *Sängerfahrten* op. 41 komponiert hatte. Seit 1856 wirkte als Chormeister des Männergesang-Vereins der tüchtige Johann Herbeck, der sich um die Entdeckung und Aufführung Schubertscher Vokalwerke sehr verdient gemacht hat. Herbeck versuchte, den traditionellen Narrenabend des MGV durch instrumentierte «Deutsche Tänze» Schuberts, zuletzt durch selbst getextete «Narrische Walzer» bzw. «Harmlose Walzer» aufzulockern. Als er 1866 zum ersten Hofkapellmeister der Wiener Hofoper ernannt wurde und die Chormeister-Stelle an den Singakademie-Leiter Rudolf Weinwurm abtrat, wurde Strauß mit der Komposition des nächsten «närrischen» Chor-Walzers beauftragt. Doch Strauß kannte den launenhaften Männer-Gesang-Verein von einer Aufführung des Herbeckschen «Landsknechts» her. (*Ich verlasse mich auf keinen Fall auf den Verein ... Aber Dein Landsknecht muß gebracht werden – entweder gesungen oder gegeigt!*[184]) Um sich nicht abermals «erpressen» zu lassen, steuerte Strauß von vornherein zwei Fassungen an. Die Instrumental-Fassung *An der schönen blauen Donau* lag Ende 1866 vor. Weyl unterlegte den Melodien seine Texte. Daraufhin besorgte Strauß als Zweitfassung die Niederschrift für Männerchor und Klavier. Die Chorstimmen wurden teils den Melodien nachgebildet, teils dem Harmonie-Satz der Partitur abgewonnen – eine seinerzeit für Strauß noch ungewohnte und unbequeme Arbeit. Gleichwohl wurde die Uraufführung am 15. Februar 1867 gegen 23 Uhr im überdeckten Schwimmbad an der Oberen Donaustraße 93 (Diana-Bad-Saal) «jubelnd aufgenommen»: das

Werk «schlug zündend ein».[185] Da der Saal überheizt und überfüllt war und das bunt zusammengewürfelte Programm fünf Stunden dauerte, ließ der Beifall bald nach. Davon aber einen Mißerfolg herleiten zu wollen – wie es Eisenberg tat («Der Erfolg blieb aus»[186]) und wie es ihm die meisten Strauß-Biographen ungeprüft nachgeschrieben haben –, ist verfehlt. In Wirklichkeit gab es nach der Premiere keine einzige negative Stimme. «Die Presse» ließ am 17. Februar 1867 gar verlauten: «Der liebliche Walzer mit seinen einschmeichelnden Rhythmen dürfte bald zu den populärsten des fruchtbaren Tanzkomponisten gehören, und bildete eigentlich den einzigen ungetrübten Lichtpunkt der Faschings-Liedertafel.»

Dem Auftrag des Wiener Männer-Gesang-Vereins verdanken wir den neuen Strauß-Typus des mitsingbaren Instrumental-Walzers. Reichte früher der Melodie-Umfang bis zu zwei Oktaven oder gar darüber, so beträgt er jetzt nur noch 1 ½ Oktaven. Noch weiter begrenzt ist der Melodie-Umfang im *Künstlerleben* op. 316, das nur drei Tage später am gleichen Ort auf dem «Hesperus-Ball» Premiere hatte. Dieser Walzer-Zyklus beginnt mit einem prägnanten Viertakt-Rhythmus; im übrigen dominieren Zwei- und Eintakt-Motive. Der anfängliche weiche Rhythmus mit Halben und Vierteln geht nach der Mazurka (IV,1) in den punktierten Rhythmus über, ehe ein «Trompeten-Walzer» den Abschluß bildet. Wesentlich breiter angelegt sind die Melodien des sogenannten «Donau-Walzers», die alle miteinander eine heimliche Verwandtschaft aufweisen. Man vergleiche zum Beispiel die Notenbeispiele mit den weitergereichten Einzelgliedern: die Schluß-«Seufzer» von I,1 sind zugleich die Akzent-Höhepunkte von I,2.

Besondere Beachtung verdienen die Coda-Künste. Im *Künstlerleben* kombiniert Strauß drei Themen. Und im *Donau-Walzer* läßt Strauß dem Hauptwalzer ein kanonisches Wechselspiel zwischen Trompete und Flöte folgen; dazu flimmern die Violinen wie am Anfang. Geigen-Tremolo und Hörner-Romantik vermitteln Assoziationen an einen Strom. Für diese Klang-Poesie ist die Titelzeile *An der schönen blauen Donau* (sie stammt vom ungarischen Dichter Karl Isidor Beck) zu einem Markenzeichen geworden.

Das Jahr 1867 bildet den Höhepunkt im Schaffen des Tanz-Komponi-

Benjamin Bilse dirigiert bei einem Damenkränzchen. Zeitgenössische Karikatur

sten Strauß. Neben den beiden Meister-Walzern op. 314 und 316 sei auf die quirlige Schnellpolka *Leichtes Blut* op. 319 und auf die ebenfalls für den Wiener Männer-Gesang-Verein komponierte Mazurka *Lob der Frauen* op. 315 hingewiesen. Diese beginnt mit einer Chopin-Nachahmung und endet im Wiener Idiom. Zwei Frauen-Typen werden gegenübergestellt: die Pariserin und die Wienerin. «Die Wienerin geht Musik, ist sie doch bei Johann Strauß aufgewachsen; der Gang der Pariserin ist Causerie, höchstens Quadrilleschritt. Die Pariserin dekolletiert tief den Nacken, die Wienerin die Brust ... Schauen kann die Wienerin, das ist zum Verführt werden. Wenn auch der Mund oft nein sagt, das Auge sagt fast immer ja. Wenn sie liebt, nimmt sie sich nicht in acht. Sie liebt wie eine Ungarin und denkt ... wie eine Wienerin.»[187]

Die Mazurka *Lob der Frauen* stand oft auf den Programmen der Pariser Weltausstellung, zu der Strauß vom Pariser Mäzen Comte d'Osmond eingeladen worden war. Mit von der Partie waren der Manager und Schulfreund Gustav Lewy sowie der Liegnitzer Stadtmusikus Benjamin Bilse. Diesen hatte Strauß in Breslau aufgesucht und überredet, mit 60 Spielern in die französische Hauptstadt zu reisen. Bilse riskierte alles: er kündigte seine Stellung und übernahm persönlich alle kommenden finanziellen Verpflichtungen. Strauß dirigierte das Bilse-Orchester zum erstenmal am

28. Mai in der österreichischen Botschaft, wo Fürst Richard von Metternich (der Sohn des einstigen Staatskanzlers) mit Gattin Pauline das wohl glänzendste Fest des zweiten französischen Kaiserreichs ausrichtete. «Alles, was Paris an in- und ausländischen Würdenträgern zur Ausstellungszeit beherbergte, war zugegen, an ihrer Spitze Kaiser Napoleon und seine schöne Gemahlin Eugénie.»[188] Einen günstigeren Start hätten sich Strauß und Bilse nicht wünschen können.

Ab Juni spielte die Bilse-Kapelle im Cercle International täglich nachmittags und abends. Die ernsteren Stücke von Weber, Schumann, Meyerbeer und anderen dirigierte Bilse, und Strauß präsentierte seine eigenen Werke. Am 19. Juni ließ die plötzliche Ermordung Kaiser Maximilians von Mexiko alle österreichisch-französischen Verbindungen erkalten. Denn Maximilian war der Bruder des österreichischen Kaisers und von Napoleon III. zum mexikanischen Abenteuer verleitet worden. Da begann Henry de Villemessent, Chefredakteur der Pariser Tageszeitung «Figaro», für Strauß die Reklametrommel zu rühren. In den Redaktions-Räumen wurde ein Künstler-Fest arrangiert, zu dem auch der Komponist Ambroise Thomas («Mignon») sowie die Schriftsteller Alexandre Dumas, Gustave Flaubert und Ivan S. Turgenjev kamen. Strauß bedankte sich in einer Gegeneinladung mit der *Figaro-Polka* op. 320, die Villemessent am 28. Juli in seiner Zeitung abdrucken ließ. Immer mehr Zuhörer besuchten die Konzerte, die bis zum 9. August im Cercle stattfanden. Neben Strauß war Bilse über Nacht ein berühmter Mann geworden. Er konnte sich in Berlin mit den «Bilse-Konzerten» konkurrenzlos etablieren. Aus einem Teil seines Orchesters sind übrigens die heute so berühmten «Berliner Philharmoniker» hervorgegangen.

Strauß reiste mit seiner Frau noch nach England, um bis zum 26. Oktober an 63 Promenaden-Konzerten im Covent Garden Theatre mitzuwirken. Jetty sang Arien, Balladen, Lieder – zuweilen von ihrem Jean am Klavier begleitet. Wie in Paris überließ Strauß die ernsteren Stücke dem Dirigenten des ansässigen Orchesters, Giovanni Bottesini (der vier Jahre später in Kairo die Uraufführung von Verdis «Aida» leiten wird). Von den eigenen Werken dirigierte Strauß die Walzer *An der schönen blauen Donau* in der Männerchor-Fassung nach englischem Text. Nun bekam der Verleger Spina zu tun. Monate hindurch mußte er die *Blaue Donau* drucken lassen, um allen Bestellungen nachzukommen. «Jeder Tag brachte Tausende von Bestellungen, und durch Wochen wurden Tag für Tag viele Kisten, gefüllt mit Exemplaren dieses Walzers, nach Amerika befördert.»[189] Innerhalb weniger Jahre hatte Spina sechzehn verschiedene Ausgaben herausgebracht und über eine Million Exemplare verkauft. Durch die Pariser und Londoner Konzerte wurde – genau 30 Jahre nach dem erfolgreichen Wirken des Vaters an diesen Orten – der Weltruhm von Johann Strauß begründet. Aus dem *Blauen Donau*-Walzer war der «Millionen-Walzer» *On the Banks of the Blue Danube* geworden.

Promenadenkonzert und Neuwiener Walzerstil

Im Fasching 1868 wollen die Wiener Gesellschaften Concordia, Hesperus und das Bürgerball-Komitee mit Novitäten bedacht sein; und Strauß fällt tatsächlich immer wieder etwas Neues ein. In der Mazurka *Stadt und Land* op. 322 charakterisieren den Dörfler plumpe Blasmusik-Stelzereien, den Städter feine melodische Wendungen à la Schubert. Mit Pauken-Rollern und Becken-Schlägen schlug es im Diana-Bad-Saal ein, als die Cancan-ähnliche Schnell-Polka *Unter Donner und Blitz* op. 324 uraufgeführt wurde. Der Concordia-Walzer *Die Publicisten* op. 321 wird heute kaum noch gespielt, und doch enthält er bereits eine Vorform (IV,2) jenes berühmt gewordenen Zither-Ländlers, der den *G'schichten aus dem Wienerwald* op. 325 sein unvergeßliches Lokalkolorit verliehen hat. Für das 3. Deutsche Bundesschießen in Wien steuerte Strauß die witzige Schnell-Polka *Freikugeln* op. 326 bei, in der das Schießen musikalisch nachgeahmt wird. Außerdem bastelten die drei Strauß-Brüder gemeinsam an einer «Schützen-Quadrille» nach bekannten Volksmelodien. Jean und Pepi leiteten diesmal im Sommer die Wiener Kapelle, während Edi – wie drei Jahre zuvor – für Jean nach Pawlowsk vorausgefahren war. Jean reiste später nach und berichtete Pepi in aller Heimlichkeit von dem angeblichen Mißerfolg Edis. Dieser sollte «unter Brüdern» ausmanövriert und für 1869 durch Josef ersetzt werden. Den Grund der brüderlichen Verärgerung gibt Jean in einem Brief an Pepi so an: *Eduard sorgte mehr für sich; er spielt viel von Dir aber 1mal – und das hat keinen Werth …*[190] Ähnlich erging es auch Jean.

Nach Wien zurückgekehrt, veranstaltet Strauß am 11. Oktober das erste Promenaden-Konzert nach englischem Vorbild. Im Parterre promenieren die Paare, unterhalten sich, bis Strauß den Geigen-Bogen erhebt – zum Zeichen, daß eine weitere Musiknummer folgt. So sehen wir's auf dem Titelblatt der Spina-Ausgabe *Erinnerung an Covent-Garden* op. 329, in der englische und amerikanische «Pop-Songs» zu Walzern verarbeitet sind. Zu diesem Promenaden-Konzert, das ein breites Spektrum von Musik darbot und von längeren Pausen unterbrochen wurde, steuerte Pepi seine neuen Walzer «Ernst und Humor» op. 254 bei.

Einen Tag später saß Strauß mit seinem Jugendfreund, dem Oberlandesgerichtsrat Adolf Lorenz, im Sofien-Bad-Saal am Klavier: sie beglei-

Partiturseite aus «Wein, Weib und Gesang» op. 333

teten vierhändig die *Sängerlust-Polka* op. 328, die Strauß zum fünfundzwanzigjährigen Bestehen des Wiener Männer-Gesang-Vereins komponiert hatte. Dieser brachte ferner am 2. Februar 1869 auf seinem NarrenAbend im Diana-Bad-Saal abermals ein Meisterwerk zur Uraufführung: *Wein, Weib und Gesang* op. 333. Es ist dem früheren Chor-Meister dieses Vereins, dem Strauß-Freund Johann Herbeck, gewidmet. Der Text stammt wiederum vom Haus-Dichter Josef Weyl. Die überlange Introduktion mit Maestoso-Marsch (137 Takte) stellt uns den Traubensaft schlürfenden Adam vor. Adam «sang fröhlich ohne Leid und Plag', den ganzen, lieben, langen Tag. Frau Eva stimmte selig ein, das war der erste Sangverein.» Strauß hat sangbare, von den ersten Violinen begleitete Melodien geschaffen und sie in einem stets dichten Orchester-Satz verpackt. Wagner und Brahms schätzten diesen Walzer besonders.

Wenige Tage danach brachte Josef seinen Walzer «Mein Lebenslauf ist Lieb' und Lust» op. 263 zur Uraufführung. Die Hauptmelodie wurde mit dem unterlegten Text «Das muß ein Stück vom Himmel sein, Wien und der Wein» zu einem der berühmtesten Tonfilm-Schlager der dreißiger Jahre. Josefs Gesundheitszustand hatte sich so gebessert, daß im April 1869 die Reise nach St. Petersburg gemeinsam mit Bruder Johann und Schwägerin Jetty gewagt werden konnte. Diesmal hatte sich Jean im russischen Kalender geirrt. Er mußte die um vierzehn Tage zu früh anreisenden Musiker aus eigener Tasche entschädigen. Am Ostersonntag schreibt Pepi seiner Frau: «Am Montag und Freitag spiele ich beide Abtheilungen, an den übrigen Tagen wechseln wir mit Jean ab. Wenn meine Kompositionen gefallen sollten, so habe ich Aussicht auf weiteres Engagement.» [191] Über die Schwägerin Jetty berichtet er: «Jetty ist unersetzlich. Sie schreibt alle Rechnungen im Hause auf, sie dupliert alle Stimmen des Orchesters, sie sieht in der Küche nach und wacht über das Ganze mit einer Sorgfalt und Liebenswürdigkeit, die bewunderungswürdig ist.» [192] Jetty wiederum äußert sich über Pepi gegenüber der Schwägerin Karoline: «Hätte Pepi nur etwas von Jeans ‹Suada›, er säße schon fest; er ist aber zu timid, verschlossen und wenig Weltmann, was von seinem steten Zimmerhocken kommt. Der Künstler muß hinaus ins Leben ... Pepi ist ganz Innerlichkeit und verschmäht allen Schein – und die heutige Welt hält viel auf den Schein.» [193]

In Pawlowsk komponierten beide gemeinsam die humorvolle «Pizzicato-Polka» – Jean den ersten Teil und die Coda, Pepi das Trio. An weiteren Humoresken schrieb Jean den *Egyptischen Marsch* op. 335 und die Polka *Im Pawlowsk-Walde* op. 336 (in Wien später umgetauft in *Im Krapfenwaldl*). Der Marsch, der zwei Jahre vor Verdis «Aida» ägyptisches Idiom vermittelt, enthält im Trio eine exotische Chor-Melodie – ein wirksames Gegenstück zum *Persischen Marsch* op. 289. Vor allem die Polka entzückte das Pawlowsker Publikum wegen der eingestreuten «Pop-Effekte». Kinderinstrumente wie Kuckucks-Flöte und wassergefüllte Zwitscher-Flöte begleiten diese musikalische Idylle, die zuweilen so oft wiederholt werden mußte, daß der letzte Nacht-Zug sogar leer nach St. Petersburg abging. «Beide Brüder wurden Abend um Abend bei ihrem Erscheinen am Dirigentenpult von dem Publikum, das sich für gewöhnlich 7000, bei besonderen Anlässen über 10 000 Köpfe stark einfand, mit jubelnden Zurufen begrüßt.»[194] Nachzüge mußten zusätzlich eingestellt werden. Jeans Fotos wurden zu Tausenden am Bahnhofsschalter verkauft. Aber je mehr Erfolg Jean hatte, um so melancholischer wurde Pepi: «Ich sehe nicht gut aus, ich bin blässer geworden, die Wangen hohler, die Haare habe ich verloren, ich bin im Ganzen abgestumpft, ich habe keine Anregung zum Arbeiten. Mühselig habe ich zwei Polken zusammengestoppelt; die ganze Fantasie erstickt hier vor lauter Langeweile und ewiges Einerlei. – Die Ungewißheit, in der ich lebe, weil ich nicht weiß, ob ich engagiert werde oder nicht, macht mich noch kränker und unzufriedener ...»[195] Josef erhielt kein Engagement. An seiner Stelle wurde für 1870 Benjamin Bilse verpflichtet, mit dem Jean 1867 bei der Pariser Weltausstellung so erfolgreich zusammengearbeitet hatte. Immerhin wurde Bilses Stelle als Konzertdirektor im Warschauer «Schweizertal» frei. So konnte Josef wenigstens in Warschau zu einem Engagement kommen.

In Wien entstand um jene Zeit der Begriff «Neuwien». Nach Kralik geht er auf Strauß zurück: «Johann Strauß, dessen Walzertitel immer einen Leitfaden durch die Wiener Kulturgeschichte bieten, nannte 1870 sein Opus 342, vom Männergesangverein aufgeführt: *Neuwien.*»[196] Tatsächlich wird man Johann und Josef Strauß als entscheidende Begriffs-Förderer bezeichnen müssen, da sie bereits im Fasching 1869 im Sofien-Bad-Saal in der Marxer Gasse die Produktion *Eine Ball-Nacht in Neu-Wien* veranstalteten. Der am 13. Februar 1870 auf dem Narrenabend im Diana-Bad-Saal uraufgeführte Chor-Walzer *Neu-Wien* ist die letzte der so populär gewordenen Kompositionen für den Wiener Männer-Gesang-Verein. Vom Textdichter Josef Weyl erfahren wir in der Introduktion: «Es griff uns hübsch tief in die Tasche, die Stadterweiterungs-Commission ...» Um so schöner paßt nun *Mein liebes Wien, du alte Stadt* auf jene Melodie, die mit der Textunterlegung *Du süßes Zuckertäuberl mein* eine der lieblichsten des Operetten-Pasticcios *Wiener Blut* werden sollte. Man beachte die recht witzigen musikalischen Textausdeutungen: wo von *Aristokraten* und von *Ahnen im Grab* die Rede ist, formt Strauß eine Art Schubert-Melodie (II,2); mit gestelzter Chromatik beschwört er den «Zeitgeist» (IV,2). Am interessantesten ist der dritte Walzer zum Weyl-Text: «Und in Neu-Wien das schön're Geschlecht, na das benützt die Freiheit erst recht ... es sieht schon, wer Toilette studiert, daß Damen emancipirt!» Strauß hat dazu einen 116 Takte langen «Durchführungs-Walzer» mit Mazurka-Elementen, Synkopen und Stretta-Passagen geschrieben, der wie eine vorweggenommene Coda wirkt. Mazurka-Walzer geben

auch der Folge *Freut euch des Lebens* op. 340 ihren hinreißenden Charakter (vgl. I,2). Diese Walzer, die der Gesellschaft der Musikfreunde gewidmet waren und am 15. Januar 1870 im Musikvereins-Saal uraufgeführt wurden, sollen nicht gleich gezündet haben. Doch zwei Jahrzehnte später wurde der Hauptwalzer mit der doppeldeutigen Textunterlegung «Das is'n Weaner sei Schan» (= Jean bzw. Genre)[197] ungemein populär.

Jahr um Jahr hat Strauß mindestens einen der «geflügelten Walzer» komponiert. Für viele andere Walzer – mit immer noch ansprechenden Schönheiten – gilt, daß Strauß «keine durchaus mißlungenen Tänze schreiben» konnte, «ebensowenig wie Franz Schubert schlechte Lieder». Sie sind nur deshalb vergessen, weil ihre «Vorzüge in neueren Werken noch glücklicher, in noch abgerundeter und packenderer Gestalt»[198] dargeboten wurden.

Den fünfteiligen Walzer hat Hanslick kritisiert: «Es ist dies eine unkünstlerische Verschwendung, welche die begabteste Produktionskraft bald erschöpfen muß.»[199] Specht dagegen hält es für möglich, daß «auch der Walzer zu künstlerischer Einheit gesteigert werden könne: wenn statt des Kaleidoskops von zehn Einfällen nur drei bis vier Motive verwendet würden, eines aus dem andern gewonnen, eines mit dem andern verbunden und eines durch das andere gesteigert, und wenn dieses organisch zu einheitlichem Fluß gefügte Themenmaterial mit der Einleitung und dem Abschluß in inneren Zusammenhang gebracht wird, so wird auch in diesem Genre eine Kunstform geschaffen sein».[200] Strauß hatte versucht, durch ungewöhnliche orchestrale Kraftentfaltung (op. 101) den zwingenden Zug zu verstärken. Dann verfiel er auf äußerste Kontraste, auf typologische Charakterisierung (seit op. 114). Schließlich versuchte er, durch innermusikalische Verflechtungen weiterzukommen – so im Dialog-Prinzip (op. 227) oder im Stretta-Prinzip (op. 234). Spätestens seit den *Accelerationen*, die im Fasching 1860 beim Technikerball dargeboten wurden, überkreuzen sich die Prinzipien. Dem programmatischen Accelerando (I,1–V,2) wird das gegensätzliche Prinzip von Staccato-Walzern (II,1/III,2/V,2) und Legato-Walzern (I,2 – 2. Hälfte/II,2/IV,2) übergestülpt. Daran hat auch die Instrumentation mit ihren vielfältigen zusätzlichen Ordnungs- und Bindungsmitteln ihren Anteil. Mit zunehmender Verstärkung des Strauß-Orchesters nehmen die Oktavierungen von Melodien und Gegenstimmen zu – woraus sich ein orgelähnlich registrierter Klang ergibt. Außerdem vermehrt Strauß die Instrumentations-Einfälle (z. B. Legato und Staccato gleichzeitig), so daß ein intensives Nach-Innen-Hören erforderlich wird. Für die meisten dieser Spezifika hat die Musikwissenschaft erst noch ein verständliches Vokabular zu schaffen. In typologischer und formaler Hinsicht wäre an die Untersuchungen von Erich Schenk anzuschließen. Auf mehrere Vereinheitlichungs-Möglichkeiten (Variation, motivisch verklammerter Paar-Typus, Weiterreichung von Einzelgliedern) haben wir bereits hingewiesen. Strauß war auf sie mehr und mehr angewiesen, weil er in seinem schöpferischen Expansionsdrang weit über die neue Norm von 32 Takten je Walzer hinausgegangen war (der erste Walzer von op. 292 ist 60 Takte lang). Teils versuchte er es mit rondoartigen Überbrückungen (op. 325, op. 400), endlich mit der Verringerung der Walzer-Teile. Die *Erinnerung an Covent-Garden* op. 329 besteht nur noch aus vier Walzer-Teilen (vgl. op. 333, 342, 354 usw.). Mit den Operetten-Walzern *Tausend und eine Nacht* op. 346 reduziert er gar auf drei Teile. Seit 1870 ist bei Strauß der vier- oder dreiteilige Walzer-Zyklus die neue Norm. Nun ergibt sich ein stärkeres formales Gleichgewicht mit Introduktion und Coda. Deren melodische Varianten, Vorbereitungen bzw. Nachklänge sind vom Hörer leichter nachzuvollziehen. Der einstigen Walzer-Folge der Walzer-Reihung hat Strauß am Ende der sechziger Jahre die neue Form der zyklischen Integration erschlossen.

Tod der Mutter – Geburt der Operette

Nach dem Debut-Jahr 1844, dem Revolutions-Jahr 1848, dem ersten «russischen Jahr» 1856, dem ersten Ehejahr 1862 und dem Weltausstellungsjahr 1867 (*An der schönen blauen Donau*) bewirkt das Jahr 1870 den wohl tiefsten Einschnitt im Leben des Johann Strauß. Die Epoche des «Nachmärz» wird abgelöst durch das wirtschaftlich erstarkte «Neuwien» – im selben Jahr, in dem Frankreich durch seine Kriegserklärung Preußen herausfordert. Es ist das große Todesjahr der Strauß-Familie. Nicht nur die Mutter Anna stirbt, sondern auch Bruder Josef und die Konzertreisen-Begleiterin Tante «Pepi» Waber. Nur Eduard bleibt im Hirschenhaus zurück und übernimmt als alleiniger Leiter das Strauß-Orchester. Johann und Jetty ziehen nach Hietzing. Aus dem «Walzer-» und «Polka-König» Strauß wird der «Operetten-König».

Zehn Tage nach der Uraufführung von *Neu-Wien* starb am 23. Februar 1870 im Hirschenhaus die achtundsechzigjährige Mutter Anna an Lungenvereiterung. Josef «brach bewußtlos an ihrem Totenbette zusammen»[201]. Im Nachruf des «Neuen Wiener Tagblatts» heißt es: «Die Verstorbene hatte sich schon seit Jahren von dem Geräusch der Welt zurückgezogen, und ihr Leben und Weben beschränkte sich auf ihre bescheidene Häuslichkeit. Ihr Streben war das Glück ihrer Kinder, die Zufriedenheit ihrer Töchter. Die glänzende Laufbahn ihrer Söhne entschädigte die Greisin in reichem Maße für so vieles Ungemach, das sie in jungen Jahren hat erleben müssen!»

Das Strauß-Triumvirat, das von 1861 an für neun Jahre in Wien eine Art Tanzmusik-Monopol aufrechterhalten konnte, sollte nicht mehr gemeinsam auftreten. Sechs Tage vor dem Tod der Mutter waren die drei Brüder zum letztenmal in den Gartenbau-Sälen zu einem Benefiz-Konzert vereinigt. Am 17. April erfolgte noch ein Promenaden-Konzert der beiden ältesten Brüder bei der Gesellschaft der Musikfreunde. Dies war zugleich Josefs letzter Auftritt vor seinem Wiener Publikum. Im Warschauer Etablissement «Schweizertal» gab er noch vier Konzerte, dann brach er zusammen. Das zunächst unvollständige Orchester, schlechte Kritiken und endlich der «Schmiß» seines Konzertmeisters hatten ihm allzusehr zugesetzt. Josefs Frau, Schwester Anna, Tante Waber und Jean reisten sogleich nach Warschau, um ihn zu pflegen. Jean modifizierte am

Eduard Strauß nach der Ernennung zum k. k. Hofball-Musikdirektor, 1872.
Zeitgenössische Fotografie

9. Juli den Vertrag mit dem Etablissement-Besitzer Anton Wlodkowski, leitete selbst einige Konzerte und übergab den Dirigenten-Stab an den Wiener Kapellmeister Gotthold Carlberg. Da Carlberg beim Publikum nicht ankam, wurde er im September durch den altbewährten Freund Philipp Fahrbach (sen.) ersetzt. Inzwischen war Josef von seiner Frau Karoline nach Wien gebracht worden, wo er am 22. Juli im Hirschenhaus an Blutzersetzung starb. Der noch nicht einmal Dreiundvierzigjährige wurde am 25. Juli unter starker Anteilnahme der Wiener Bevölkerung an der Seite seiner Mutter auf dem St. Marxer Friedhof im III. Bezirk beigesetzt. (Es ist derselbe Friedhof, auf dem Wolfgang Amadé Mozart in einem anonymen Massengrab ruht.) Johann konnte der Witwe den Warschauer Überschuß von 14000 Kronen aushändigen und die Vormundschaft über die erst zwölfjährige Tochter Karoline Anna übernehmen. Am 21. November starb ferner mit 62 Jahren die Arzt-Witwe und Schwester der Mutter, Tante «Pepi» Waber. Sie war in den letzten Pawlowsker Jahren die Reisebegleiterin und Finanzverwalterin von Johann gewesen.

Seit August 1870 wirkte Eduard als alleiniger Leiter der Strauß-Kapelle. Johann zog sich nicht nur von der Privat-Kapelle zurück, er bat am 5. Januar 1871 *wegen Kränklichkeit*[202] auch um die Enthebung von allen Dienstfunktionen des Leiters der Hofball-Musik. Kaiser Franz Joseph bewilligt am 12. Januar das Ersuchen, verleiht seinem k. k. Hofball-Musikdirektor das Ritterkreuz des Franz-Joseph-Ordens und gestattet dem Walzer-König die Beibehaltung des Titels. Gleichwohl wird ein Jahr später auch Bruder Eduard den Titel erhalten – als wirklicher Leiter der Wiener Hofball-Musiken. Der dem Vater 1846 zum erstenmal verliehene Titel war also dreimal im Besitz der Strauß-Familie, ehe er 1908 – zum letztenmal – an Carl M. Ziehrer verliehen wurde.

Konsequent nutzte Strauß die schicksalhaft vorgezeichnete Zäsur zu seinen Gunsten. Er wollte frei sein für seine neue Muse: für die Wiener Operette. Mehrfach hatte er bereits Texte für den Männer-Gesang-Verein vertont. Und Offenbachs Erfolg der «Schönen Helena», die am 17. März 1865 im Theater an der Wien herausgekommen war, gab den entscheidenden Anstoß. «Mit großer Verehrung sprach er von Offenbach, der ihm selbst die erste Anregung zur Operetten-Komposition gegeben . . .»[203]

Anton Ascher bemühte sich im Herbst 1866 als neuer Direktor des Carl-Theaters um ein Libretto für Strauß. Am 7. Oktober teilte er Strauß mit, daß Jeans Jugendfreund Anton Langer zur Lieferung eines Librettos bereit sei. Zwei Jahre später arbeitete Jean «über den Winter fleißig an einer Operette für's Wiedner Theater»[204]. Gemeint ist vermutlich *Romulus*, von dem Strauß zwei Akte komponiert haben soll. Im Frühjahr 1869 schleppte Jetty ihren Jean wiederholt zum Theaterdichter Siegmund Schlesinger, der mit Lustspiel-Einaktern am Burgtheater Erfolg hatte. Aber erst das Direktoren-Duo Marie Geistinger und Maximilian Steiner

kam zum Ziel. Zwar wanderte ein «in raschem Eifer»[205] komponiertes
Libretto des Suppé-Texters Josef Braun mit dem Titel *Die lustigen Weiber
von Wien* ins Archiv (weil die Geistinger die von Strauß zu derb angelegte
Hauptrolle nicht übernehmen wollte), aber am 10. Februar 1871 war es
dann am Theater an der Wien endlich soweit: *Zum 1. Male: Indigo und
die vierzig Räuber. Komische Operette in 3 Akten (in 4 Bildern). Nach
einem älteren Sujet, für diese Bühne eingerichtet und scenirt von Max Stei-*

ner. Musik von Johann Strauß ... Unter persönlicher Leitung des Compo-
siteurs.[206]

Das aus 28 Nummern bestehende, fast vier Stunden füllende Werk quillt über von Musik, als wolle Strauß mit seinem Erstlingswerk alle Kritiker überfahren. Aber auch der Ehrgeiz des Direktoren-Duos sorgte für ein viel zu aufwendiges textliches «Sammelsurium»: «... etwa zwei Dutzend berufener und unberufener Schriftsteller»[207] sollen an diesem Opus gearbeitet haben – zum Teil als Textunterleger von Musik-Nummern, die den *Lustigen Weibern von Wien* entnommen wurden. Mehrfach war der Titel geändert, waren die Personen umgestaltet, die Proben verschoben worden. Dennoch schrieb Ludwig Speidel am 12. Februar 1871 im Wiener «Fremdenblatt»: «Es war ein Theaterereigniß von großer Bedeutung ... das Ganze ist ein respektables Stück Arbeit und berechtigt zu den schönsten Erwartungen für die Zukunft. Wenn uns in Folge wohlbekannter Ereignisse (Krieg!) Jacques Offenbach ausbleiben sollte, so werden wir vielleicht an Johann Strauß einen Ersatz finden. Strauß besitzt eine Erfindungskraft von nicht gewöhnlicher Stärke, auch fehlt ihm nicht die nötige Technik. Rhythmisch wie melodisch hat ihm die Tanzmusik alle ihre Reize enthüllt ... Sollten aber alle diese Reize nicht verfangen, so hat der Zauberer noch ein letztes Mittel, das unfehlbar wirkt – er hat seinen Walzer.» Vor allem der Terzett-Walzer *Ja so singt man ... ganz allein doch nur in Wien*, intoniert von der Geistinger (Fantasca) und den Herren Albin Swoboda (Lustiger Rat Janio) und Carl Adolf Friese (Oberpriester Romadur), riß die Zuhörer zu Beifallsstürmen hin.

Natürlich handelt es sich bei diesen drei Personen um Wiener, die in ein orientalisches Königreich verschlagen worden sind. Nach Offenbachschem Muster gibt es bestechliche Minister und eine trottelhafte Volksregierung, der man immerhin mit spaßigen Einfällen einiges abringen kann. Happy-End: ein Schiff bringt die Wiener in ihre Heimat zurück.

Über stets ausverkaufte Vorstellungen mit einer Brutto-Einnahme von 29000 Gulden berichtet uns die «Konstitutionelle Vorstadtzeitung» (22. Februar 1871). Von zahlreichen Bühnen wird *Indigo* – zum Teil in Umarbeitungen – nachgespielt, so in Berlin, Hamburg, München, Paris, London und Neapel. Bei Spina kamen die schönsten Melodien (Polkas, Wal-

«Die Erstlings-Operette von Strauß wiegt alle Offenbach-Operetten auf».
Zeitgenössische Karikatur

zer, Mazurka, Marsch, Quadrille) unter den Opus-Zahlen 343 bis 351 heraus, darunter der Walzer *Tausend und eine Nacht* op. 346. Seit dem 3. Mai hatte Strauß die Erinnerungen «1001 Nacht im Theater an der Wien» zu dirigieren – ein von ihm musikalisch zusammengestelltes Erfolgsrepertoire-Pasticcio nach verschiedenen Meistern, das fünfundfünfzigmal gegeben wird. Den *Indigo* hat das Theater an der Wien innerhalb von drei Jahren siebzigmal geben können. Der Sprung auf die Bühne war also gelungen. Nach Hanslick erscheint uns der Tanzkomponist Strauß in der Operette «erneuert und verjüngt ... Das ist ein Punkt, wo wir Strauß seinen Vater weit überholen sehen: in dem Aufsteigen zu einem höheren, viel anspruchsvolleren Kunstgebiete. Unsern Johann Strauß verzeichnet die Musikgeschichte als den einzigen Walzerkomponisten von Fach, der nach vieljähriger, ununterbrochener Tätigkeit als Balldirigent sich der dramatischen Musik zugewendet hat. Und mit welchem Erfolg!»[208]

Amerikanisches Abenteuer

Das Hietzinger Haus in der Hetzendorfer Straße (heute: XIII., Maxing-straße 18), das Jetty und Jean seit 1862 in den Sommermonaten bewohn-ten, hatten sie 1870 gekauft. In Hietzing sah man Strauß nun häufiger auf Spaziergängen mit zwei prächtigen Doggen herumtollen. Dort suchte ihn der irisch-amerikanische «bandmaster» Patrick Sarsfield Gilmore auf, Spezialist für gigantische Massen-Konzerte mit Ambossen, Böllerschüs-sen, Glockengeläute und über 20 000 Mitwirkenden. Für sein Bostoner Weltfriedensfest 1872 hatte Gilmore bereits Militär-Kapellen aus Ameri-ka, England, Frankreich und Deutschland engagiert. Nun versuchte er, die Haupt-Attraktion der Pariser Weltausstellung «einzukaufen»: den Walzerkönig Johann Strauß. *Nach Amerika? Was hab ich dort? Hier hab ich Geld, Ehre, Vergnügen und – Wien!*[209] Der Ängstliche stellte sogar die Frage: *Und wann mi Ihnere Indianer massakern ...??*[210] Gutes Zureden Jettys, die Aussicht auf das Dirigat eines 2000 Mann starken Orchesters und die äußerst einladenden finanziellen Bedingungen stimmten Strauß schließlich um. Freie Überfahrt und volle Verpflegung waren ihm zuge-sagt – auch für Jetty, für eine Kammerjungfer und einen Diener. Aber erst als das Honorar (100 000 Dollar) bei der Anglo-Bank Wien auf einem Sperrkonto deponiert war, bereitete Strauß sich ernsthaft auf die große Reise vor. Im Testament vom 19. Mai 1872 setzt Strauß seine Frau als Universalerbin ein. Mit Jahresrenten und Legaten werden seine Schwe-stern und die Kinder seiner Brüder bedacht. Für den Tod beider Ehegat-ten war bestimmt, daß das Vermögen zur Errichtung *eines Stiftungshauses für arme kranke Künstler unter der Bezeichnung «Johann und Jetty Strauß Stiftungshaus» verwendet werde*[211].

Am 1. Juni schiffte sich Strauß nebst Anhang in Bremerhaven ein und landete mit dem Dampfer «Bremen» am 16. Juni in New York. Am näch-sten Morgen probte er bereits in Boston. Höchst belustigt war er über Riesenplakate an den Bostoner Straßenecken, die ihn «als König darstell-ten, thronend auf einer Weltkugel und den Taktstock als Scepter schwin-gend, womit sie die Weltherrschaft seiner Musik andeuten wollten»[212]. Strauß hatte sich verpflichtet, während der Festlichkeiten vom 17. Juni bis zum 4. Juli vierzehn Konzerte zu dirigieren. Diese fanden im neuer-bauten Coliseum, einer Riesenhalle von 165 Metern Länge und 105 Me-

Im Bostoner Coliseum dirigiert Strauß im Juni 1872 ein Tausend-Mann-Orchester vor etwa 50 000 Zuhörern. Zeitgenössische Zeichnung

tern Breite, statt. Das Eröffnungskonzert hat er einem Freund folgendermaßen geschildert: *Auf der Musikertribüne befanden sich Tausende Sänger und Orchestermitglieder, und das sollte ich dirigieren. Zur Bewältigung dieser Riesenmassen waren mir hundert Subdirigenten beigegeben, allein ich konnte nur die Allernächsten erkennen, und trotz vorhergegangener Proben war an eine Kunstleistung, an einen Vortrag und dergleichen gar nicht zu denken. Eine Absage hätte ich mit dem Preis meines Lebens bezahlen müssen. Nun denken Sie sich meine Lage angesichts eines Publikums von 100 000 Amerikanern! Da stand ich auf dem obersten Dirigentpult – wie wird die Geschichte anfangen, wie wird sie enden? Plötzlich kracht ein Kanonenschuß, ein zarter Wink für uns Zwanzigtausend daß man das Konzert beginnen müsse. «Die schöne blaue Donau» steht auf dem Programm. Ich gebe das Zeichen, meine 100 Subdirigenten folgen mir so rasch und gut sie können, und nun geht ein Heidenspektakel los, den ich mein Lebtag nicht vergessen werde. Da wir so ziemlich zu gleicher Zeit angefan-*

gen hatten, war meine ganze Aufmerksamkeit nur noch darauf gerichtet, daß wir auch – zu gleicher Zeit aufhörten. Gott sei Dank, ich brachte auch das zuwege. Es war das Menschenmöglichste. Die 100 000köpfige Zuhörerschaft brüllte Beifall, und ich athmete auf, als ich mich wieder in freier Luft befand . . . Am nächsten Tage mußte ich vor einer Armee Impresarios die Flucht ergreifen, die mir für eine Tournée durch Amerika ein ganzes Kalifornien versprachen.[213]

Dieser farbige Bericht ist ebenso wenig ernst zu nehmen wie der Inhalt veröffentlichter Interviews, die uns beweisen, daß sich Strauß den amerikanischen Public-Relations-Stil in humorvoller Weise zu eigen gemacht hatte. So ließ Gilmore sein eigenes Militärkapellen-Dirigat auf dem «Grand International Ball» vom 26. Juni als «die hinreißendste Darbietung, die jemals auf der Welt bei einem Ball zu hören war»[214], ankündigen. Strauß mochte da nicht zurückstehen, zumal er nicht weniger erfolgreich war als Gilmore, Franz Abt, Giuseppe Verdi und Hans von Bülow, die alle an diesem Festival mitwirkten. Tatsächlich war das Eröffnungs-Dirigat von Strauß so angekündigt: «Nr. 10. Grand Concert Waltz, *On the Beautiful Blue Danube*, Strauß. Performed by the Grand Orchestra, conducted by the renowned composer and director, Herr Johann Strauß, of Vienna»[215]. Erst in der nächsten Nummer traten 20 000 Sänger und 2000 Musiker auf, um unter der Leitung von Gilmore den Zigeunerchor aus Verdis «Troubadour» zu präsentieren – natürlich unter Mitwirkung von Glockengeläut und Orgelklang, von Böllerschüssen und Bostoner Feuerwehr-Männern, die auf 100 Ambossen herumhämmerten. Dieses wahrhaft gigantische Spektakel hat Strauß in seine Story mit einbezogen und auf das eigene Dirigat phantasievoll übertragen.

«Electric Strauß» komponierte in Boston auch einen *Jubilee Waltz* mit der Sternenbanner-Melodie und führte ihn zum erstenmal am 29. Juni auf. Im übrigen spielte er *Tausend und eine Nacht, Neu-Wien, Wein, Weib und Gesang, Künstlerleben, Morgenblätter, Pizzicato-Polka,* die *Tritsch-Tratsch-Polka* und – natürlich – *An der schönen blauen Donau.* Mit dem aus Sachsen stammenden Dirigenten Karl Bergmann tat sich Strauß noch zu drei Konzerten in New York zusammen, ehe er am 13. Juli mit dem Dampfer «Donau» die Rückfahrt antrat.

Vom «Carneval in Rom» zur «Fledermaus»

Ehe Strauß nach Wien zurückkehrte, begab er sich mit Jetty zu einem zweimonatigen Urlaub nach Baden-Baden, wo er bereits im Spätsommer 1870 und 1871 Kiosk- und Promenadenkonzerte geleitet hatte. Einer seiner aufmerksamsten Zuhörer war Johannes Brahms, mit dem sich Strauß anfreundete. Übrigens führte Strauß Anfang August 1872 im Haus des Musikschriftstellers Richard Pohl Johannes Brahms mit Hans von Bülow zusammen. Die Folgen dieser Begegnung sind Musikgeschichte geworden: Bülow wandelte sich vom Liszt- und Wagner-Apostel zum Brahms-Apostel. Strauß tat sich mit Bülow zu einem Konzert zusammen, das aus Werken von Liszt, Wagner, Bülow und Strauß bestand. Dem seinerzeit in Baden-Baden weilenden Preußen-Kaiser Wilhelm I. mußte Strauß zwei familiäre Sonderproduktionen einräumen. Für die Überreichung des preußischen roten Adler-Ordens IV. Klasse bedankte sich Strauß mit der Widmung einer neukomponierten *Fest-Polonaise im Konzertstyl für großes Orchester* op. 352.

Mitte Oktober war Strauß in Wien zurück, um seine zweite Operette zu vollenden. Nach Victorien Sardous «Piccolino» hatte Josef Braun ein knappes Szenarium geliefert, das dem Meister sehr gefiel. Steiner beauftragte daraufhin Richard Genée mit der Abfassung von Gesangstexten. Genée, ältester Sohn eines Danziger Theater-Direktors und Bassisten, war seit 1868 Kapellmeister am Theater an der Wien, wo er sich als «Mädchen für alles» bewährte – sei es als Komponist, als Text-Übersetzer von Offenbach-Operetten oder als «Einrichter» bühnengerechter Fassungen. Er hatte bereits beim *Indigo*-Libretto mitgeholfen und war von Steiner mit der speziellen Aufgabe betraut worden, Strauß in allen Theater-Belangen zu unterstützen. Diesmal konnte sich das Textbuch sehen lassen: Der wandernde Maler Arthur Bryk hat in einem Schweizer Dorf die «betende Sennerin» Marie gemalt und ihr die Ehe versprochen. Als verkleideter Knabe Beppino taucht Marie im Karneval von Rom auf. Dort gelingt es ihm (ihr), Lehrling von Bryk zu werden. Beppino-Marie vereitelt alle Liebesabenteuer – so auch das Stelldichein Bryks mit der emanzipierten Gräfin Falconi, der er (sie) gar selbst einen Kuß raubt. Im entscheidenden Duett *Von jenen Damen allen* skizziert Beppino die Köpfe der ungetreuen Geliebten, zuletzt die treue Schweizerin Marie. Zu ihr will

Textdichter und Komponist: Genée und Genie. Karikatur aus dem «Kikeriki»

der reumütige Bryk zurückkehren. Marie gibt sich zu erkennen. Beide finden wieder zusammen. Ein Ballett-Finale mit dem Marsch *Carneval, dich preisen wir mit Jubelschall* beendet das Ganze.

Car - ne - val, dich prei - sen wir mit Ju - bel - schall

Für die von Strauß persönlich geleitete Uraufführung am 1. März 1873 war von Steiner eine verschwenderische Ausstattung mit Fahrrädern, Velocipedes-Wagen und diversen Ballett-Gruppen aufgeboten worden. Marie Geistinger, die beste deutsche «Offenbachantin» und Soubrette, stand bereits im 40. Lebensjahr und war etwas füllig geworden. Dennoch gab sie den Knaben Beppino (Marie) mit hinreißender Verwandlungskunst und entzückte mit dem Lied vom springenden Äffchen (Nr. 6). Die Falconis waren mit der neunzehnjährigen Caroline Charles und dem bewährten Komiker Friese vorzüglich besetzt. Den Maler Bryk sang Albin Swoboda (der im folgenden Jahr Direktor der neueröffneten Komischen

103

Marie Geistinger in der Hosenrolle des Maler-Lehrlings Beppino in «Carneval in Rom». Zeitgenössische Fotografie

Oper wurde, in dessen Verwaltungsrat Strauß wirkte). Swoboda glänzte vor allem in einer Antiquitäten-Versteigerungs-Polonaise, deren Refrain-Polka sofort ins Volk drang und sprichwörtlich wurde:

Nimm ihn hin, er sei dein, und mein Se - gen o - ben – drein

Im «Fremdenblatt» rühmte Ludwig Speidel den Fortschritt gegenüber der *Indigo*-Partitur. Im *Carneval von Rom* zeige sich «ein feineres und zarteres Vertiefen nach einer ... edleren Richtung. Die leicht ins Ohr gehenden, volksthümlichen Anklänge sind dabei vom Kompositeur nicht vernachlässigt worden und so zerfällt sein Werk eigentlich in zwei Partien, von denen die eine den rhythmisch bewegten Takt der komischen Operette einhält, während der zweite im Style der lyrischen Oper sich bewegt.»[216] Johann Herbeck, den der *Carneval* «mit seiner stellenweise sogar dramatisch bedeutenden Musik»[217] sehr ansprach, wollte das Werk ins Repertoire der Hofoper übernehmen. Als Felix Weingartner es 1921 in der Wiener Volksoper wieder aufführte, bemerkte Julius Bittner im «Merker», der *Carneval* stehe «Nicolais ‹Lustigen Weibern› viel näher als der modernen Operette ... Wie unschuldig und frisch wirkt Johann Strauß, wie naiv und herzensfroh seine Melodik, wie sauber und rein seine Instrumentation! Entzückend die Verwendung der Holzbläser, nobel und sparsam das Blech und Schlagzeug.» Mit Recht bezeichnet Ernst Decsey den *Carneval* als «Spieloper». Strauß sei von Offenbach abgerückt und setze «das alte schlichte Wiener Singspiel der Schenk, Dittersdorf und Wenzel Müller fort»[218]. Decsey hat allerdings übersehen, daß es unter der überschaubaren Anzahl von sechzehn Nummern nur eine Solo-Nummer (11) gibt, dagegen Lieder und Arien mit Chor, vier Duette, ein Quartett und ein Quintett. Auf der Suche nach kompositorischen Vorbildern kann man die Ensemble-Sätze von Mozarts «Entführung aus dem Serail» heranziehen. Doch Strauß hat die vielerlei Kombinationen zu einer ausgesprochenen Ensemble-Spieloper verdichtet, für die es keine weiteren Vorbilder gibt. Es spricht für das Wiener Publikum, daß es nicht nur darauf bestand, Walzer, Polkas und Märsche – diesmal auch noch Tarantellas und Polonaisen – zu hören, sondern auch den gehobenen künstlerischen Ansprüchen von Strauß folgte. Bereits am 18. April konnte Strauß die 25. Aufführung dirigieren (54 waren es 1873 im Theater an der Wien). Zwischen Basel und Kronstadt, Kiew, New York und Chicago spielten rund 70 Bühnen zu Lebzeiten des Meisters den *Carneval in Rom* nach. Er ist bis heute ein «Geheimtip» geblieben, den man noch immer unüberarbeitet in der Original-Fassung geben kann. Nach Ensemble-Verdichtung, Wort-Ton-Verhältnis und Instrumentation ist der *Carneval* zweifellos das kunstvollste der Bühnenwerke von Strauß.

Am 6. April 1873 dirigierten Johann und Eduard im Musikvereinssaal das «Wohltätigkeits-Concert zur Feier des 50jährigen Jubiläums des Bestehens der musikalischen Productionen Strauß»[219]. Jeweils die ersten und letzten Opera des Vaters und Bruder Josefs standen auf dem Programm. Eduard dirigierte seine neuesten Werke, Johann die Ouvertüre und die Schnellpolka op. 356 aus dem *Carneval in Rom*. Jean dirigierte das Hofopern-Orchester am 23. April anläßlich der Uraufführung seiner Walzerpartie *Wiener Blut* op. 354. Der Kritiker des «Wiener Fremdenblatts» (25. April 1873) berichtet uns von dem stürmischen Beifall der Opernball-Besucher und zählt *Wiener Blut* sogleich «zu den besten des

Der große Musikvereinssaal. Zeichnung von J. Schönberg, 1870

beliebten Walzer-Königs ... Dieses Tanzstück ist eine Sammlung von echten Wiener Weisen, voll Melodie und zündendem Rhythmus.» Eine weitere Walzerpartie, *Bei uns z'Haus* op. 361 für Männerchor und Orchester (Text: Anton Langer), komponierte Strauß für die 5. Weltausstellung in Wien. Er selbst dirigierte am 6. August im Ausstellungsgarten die Elberfelder Kapelle des Dirigenten Julius Langenbach, die als «Wiener Ausstellungskapelle unter Straußscher Leitung» firmierte. Eduard war ausgetrickst worden und mußte mit der auf 54 Mann verstärkten eigentlichen Strauß-Kapelle im Volksgarten vorliebnehmen. Zum Abschluß der Weltausstellung verband sich Strauß mit den Dirigenten Johann Herbeck und Otto Felix Dessoff, um am 4. November ein von der chinesischen Kommission finanziertes Dank-Konzert im Musikvereinssaal zu dirigieren. Nach Werken von Mozart, Beethoven und Schubert setzte Strauß den Schlußpunkt mit den «Romantikern» Lanners, dem «Spanischen Nobelgardenmarsch» des Vaters und dem eigenen Walzer *An der schönen blauen Donau*.[220]

Das dritte Operetten-Werk, *Die Fledermaus*, soll Strauß «um die Jahreswende 1873 innerhalb von sechs Wochen, nur in den Nächten komponirend»[221], geschaffen haben. Tatsache aber ist, daß der *Csárdás* (Nr. 10) von Marie Geistinger schon am 25. Oktober 1873 in einem Wohltätigkeits-Konzert im Musikvereinssaal gesungen wurde. Tatsache ist ferner, daß die Zensurbehörde der k. k. Polizeidirektion von Wien zwischen dem 5. und 20. März 1874 dermaßen viele politische und moralisch anstößige Text-Stellen beanstandete, daß Strauß bis kurz vor der Premiere am Ostersonntag (5. April) noch alle Hände voll zu tun hatte. Im Autograph der Partitur finden wir bei der Hälfte der Nummern durchgestrichene Stellen (vor allem in Nr. 9 und 14) sowie nachkomponierte neue Schlüsse (Nr. 4, 13, 14). Strauß hat also bis zuletzt sorgfältig verbessert und geändert, Adeles Couplet (*Spiel' ich die Unschuld vom Lande*) sogar erst zu den Proben fertiggestellt.

Die zahlreichen Gerüchte und teils waghalsigen Behauptungen zur Entstehungsgeschichte der «besten deutschen Operette»[222] hängen mit Jeans zunehmender Neigung zur Geheimnistuerei zusammen. «Er hatte sich für seine Arbeit ein eigenes, nur gedämpfte Töne von sich gebendes Clavier construieren lassen, weil er fürchtete, es könnten feinhörige Schlauköpfe ihm zur Unzeit die schönsten Walzer ablauschen und in schnöder Weise um sein geistiges Eigenthum bringen.»[223] Strauß sah sich zu dieser Vorsichtsmaßnahme gezwungen, als ihm der im Nachbarhaus

Bühnenbild zum zweiten Akt der «Fledermaus», Ball-Saal des Prinzen Orlofski.
Entwurf 1874 von A. Moser

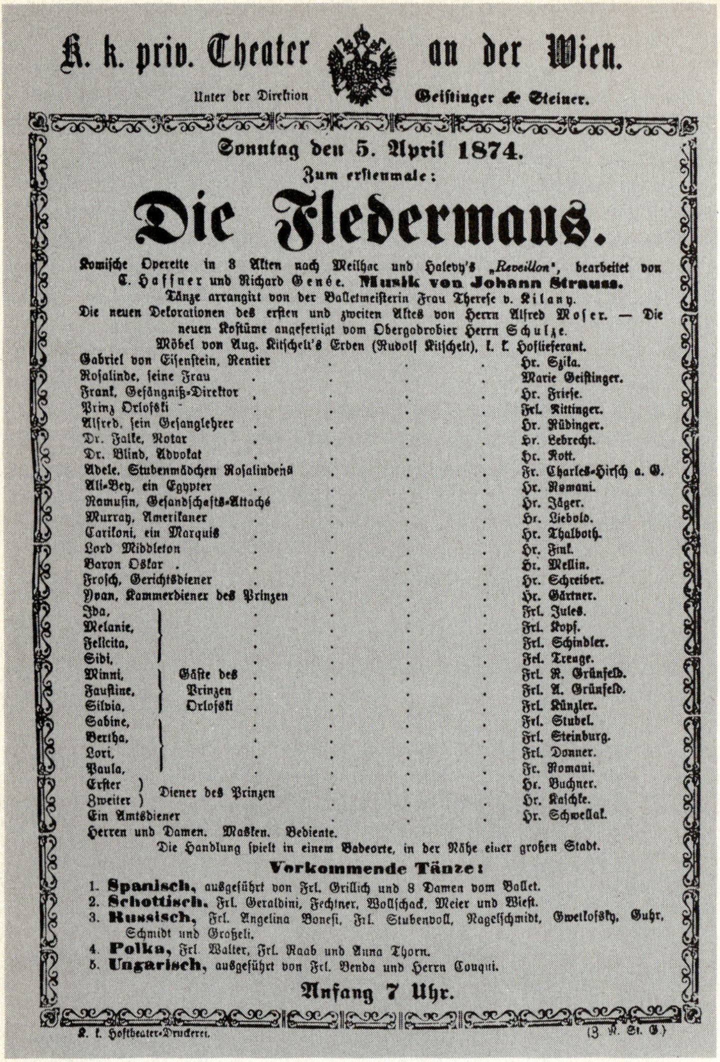

K. k. priv. Theater an der Wien.

Unter der Direktion Geistinger & Steiner.

Sonntag den 5. April 1874.

Zum erstenmale:

Die Fledermaus.

Komische Operette in 3 Akten nach Meilhac und Halevy's „*Reveillon*", bearbeitet von C. Haffner und Richard Genée. **Musik von Johann Strauss.**

Tänze arrangirt von der Balletmeisterin Frau Therese v. Kilany.

Die neuen Dekorationen des ersten und zweiten Aktes von Herrn Alfred Moser. — Die neuen Kostüme angefertigt vom Obergadrobier Herrn Schulze.

Möbel von Aug. Kitschelt's Erben (Rudolf Kitschelt), k. k. Hoflieferant.

Gabriel von Eisenstein, Rentier	Hr. Szika.
Rosalinde, seine Frau	Marie Geistinger.
Frank, Gefängniß-Direktor	Hr. Friese.
Prinz Orlofski	Frl. Kittinger.
Alfred, sein Gesanglehrer	Hr. Rüdinger.
Dr. Falke, Notar	Hr. Lebrecht.
Dr. Blind, Advokat	Hr. Rott.
Adele, Stubenmädchen Rosalindens	Fr. Charles-Hirsch a. G.
Ali-Bey, ein Egypter	Hr. Romani.
Ramusin, Gesandschafts-Attaché	Hr. Jäger.
Murray, Amerikaner	Hr. Liebold.
Cariconi, ein Marquis	Hr. Thalboth.
Lord Middleton	Hr. Fink.
Baron Oskar	Hr. Mellin.
Frosch, Gerichtsdiener	Hr. Schreiber.
Yvan, Kammerdiener des Prinzen	Hr. Gärtner.
Ida, (Gäste des Prinzen Orlofski)	Frl. Jules.
Melanie,	Frl. Kopf.
Felicita,	Frl. Schindler.
Sidi,	Frl. Treuge.
Minni,	Frl. R. Grünfeld.
Faustine,	Frl. A. Grünfeld.
Silvia,	Frl. Künzler.
Sabine,	Frl. Stubel.
Bertha,	Frl. Steinburg.
Lori,	Frl. Donner.
Paula,	Fr. Romani.
Erster (Diener des Prinzen)	Hr. Buchner.
Zweiter (Diener des Prinzen)	Hr. Kaschke.
Ein Amtsdiener	Hr. Schwellak.

Herren und Damen. Masken. Bediente.

Die Handlung spielt in einem Badeorte, in der Nähe einer großen Stadt.

Vorkommende Tänze:

1. **Spanisch,** ausgeführt von Frl. Grillich und 8 Damen vom Ballet.
2. **Schottisch.** Frl. Geraldini, Fechtner, Wollschack, Meier und Wiest.
3. **Russisch,** Frl. Angelina Bonesi, Frl. Stubenvoll, Nagelschmidt, Gwelkofsky, Guhr, Schmidt und Großeli.
4. **Polka,** Frl. Walter, Frl. Raab und Anna Thorn.
5. **Ungarisch,** ausgeführt von Frl. Benda und Herrn Couqui.

Anfang 7 Uhr.

K. k. Hoftheater-Druckerei. (J. N. St. G.)

wohnende Robert Fischhof eines Tages den abgelauschten *Fledermaus*-Walzer auf dem Klavier präsentierte:

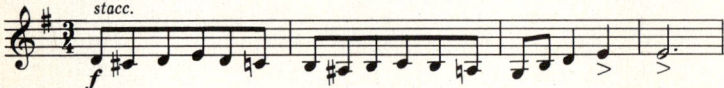

Auf das Konto der Straußschen Geheimnistuerei geht auch der Vorwurf, «daß wesentliche Teile der ersten Partitur von Genée geschrieben» [224] seien. Genée könnte wohl die redaktionellen Ausführungen der Final-Sätze I und III sowie der Introduktionen I und II übernommen haben – diese Teile fehlen im Partitur-Autograph von Strauß. Anders verhält es sich beim psychologisch so wirksamen *Melodram* im letzten Akt. Nach einer abfälligen Bemerkung der Geistinger während einer Probe soll Strauß sofort zum Streichen dieser Nummer bereit gewesen sein. Genée aber habe sie verteidigt, weil sie «von ihm selbst komponiert sei». Diese von Prawy [225] wieder aufgegriffene Verdächtigung ist nicht stichhaltig. Das *Melodram* liegt uns in der Handschrift von Strauß mit einem Alternativ-Schluß vor. Erst der neue Schluß enthält jenen köstlichen Einfall mit dem schnarrenden tiefen Fagott, das den eingeschlafenen Gefängnis-Direktor Frank charakterisiert. Genées kompositorischer Anteil kann kein entscheidender gewesen sein. Um so mehr ist ihm als Bühnen-Dichter zu verdanken.

Im September 1872 hatte der Direktor Steiner durch die Vermittlung des Theateragenten Gustav Lewy das Pariser Lustspiel der Offenbach- und «Carmen»-Textdichter Henri Meilhac und Ludovic Halévy, «Le Réveillon», käuflich erworben. Die französischen Autoren hatten «Das Gefängnis» des Leipziger Lustspieldichters Roderich Benedix («Das bemooste Haupt») benutzt und allzu lokalspezifisch angereichert: für Wien schien diese Bearbeitung unbrauchbar. Steiner diente sie Franz Jauner, seinem Konkurrenten vom Carl-Theater, an. Jauner ließ vom pensionierten Hausdichter Karl Haffner («Therese Krones»), der eigentlich Karl Schlachter hieß und aus Königsberg stammte, eine Übersetzung ins Deutsche anfertigen. Danach gab Jauner das Projekt wieder an Steiner zurück, der nun Genée beauftragte, die Übersetzung als Libretto für Strauß einzurichten. Genée schrieb gut vertonbare Gesangs-Texte und setzte auch dramaturgische Änderungen durch – so stammt die für den Erfolg der *Fledermaus* so entscheidende Idee des Maskenballs (II. Finale) von ihm.

Strauß hat die *Fledermaus* für das große klassische Orchester geschrieben, wie wir es zum Beispiel von Beethovens 9. Symphonie her kennen. Die Streicher bilden das Grundgerüst. Bläser und Schlagzeug treten charakterisierend, solistisch, stets durchsichtig instrumentiert hinzu. Mehr als in den beiden früheren Operetten läßt Strauß nun die Sänger auch mit solistischen Passagen – also orchestral-melodisch unverstärkt – hervortreten. In der formalen Grundidee folgt er dem *Carneval* insofern, als die Ensemble-Sätze (Duette, Terzette usw.) dominieren. Nur zwei Solo-Nummern (Orlofskis *Ich lade gern mir Gäste ein* und Rosalindes *Klänge der Heimat*) bilden Kontraste. Im übrigen sprengt das Riesen-Finale Nr. II mit Ballett-Einlage und insgesamt 804 Takten den Rahmen der Operette. Es steht dermaßen im Mittelpunkt, daß die ungleichgewichtige Gesamtform (Ouvertüre: 420 Takte, I. Akt: 996 Takte, II. Akt: 1529 Takte,

«Ich lade gern mir Gäste ein»: Irma Nittinger in der Hosenrolle des Prinzen Orlofski. Zeitgenössische Fotografie

III. Akt: 832 Takte) hingenommen wird. Für Oscar Bie hat Strauß hier die Höhen der Tanzmusik erklommen: «... die *Fledermaus* allein löste das Problem der Operette, kein Problem zu sein. Inhalt? Drama? Wahrscheinlichkeit? Ihre Rhythmen fegten die Ereignisse in alle Winde, daß sie in der Luft herumtanzten. Sie bildeten den Stil des Lebens, das sich von aller Schwerkraft lossagte ...»[226]

Da im glanzvollen zweiten Finale «der Tanz auch textlich motiviert ist und deshalb als Einheit wirkt»[227], sehen wir hier den einstigen Walzer-

Alfred Schreiber als Frosch und C. A. Friese als Frank in der «Fledermaus»-Premiere. Zeitgenössische Fotografie

und Polka-König auf der Höhe seiner Genialität und seiner dramaturgischen Planung. Den Chor spart sich Strauß für den zweiten Akt auf, den zündenden Walzer für das erste Finale. Gleichberechtigt neben Polka, Walzer und Marsch erscheint nun die Tarantella. Außerdem placiert Strauß vor dem zweiten Finale den emotional stark wirkenden Csárdás. Und im Ballett des zweiten Finales begegnen wir spanischen, schottischen, russischen, böhmischen und ungarischen Tänzen. Der Schauplatz ist international: *Die Handlung spielt in einem Badeorte in der Nähe einer großen Stadt.* Entsprechend international war die Wirkung dieser wohl meistgespielten Operette der Welt. Selbst indische und australische Bühnen spielten das Werk alsbald nach. Wie aber reagierten die Wiener? Die «Morgen-Post» bescheinigte Strauß «einen Erfolg, wie er nicht glänzender, aber auch nicht wohlverdienter gedacht werden kann ... Strauß hat sich in seinem dritten Werke nicht mehr in Bahnen zu zwängen versucht, die seiner genialen Eigenart fremd sind, er ist wieder er selber geworden.» Die Geistinger (Rosalinde): «wahrhaft hinreißend», die Nittinger (Orlofski): «ungemein vif... ihr Couplet mit dem Refrain *Chacun à son gout* wurde schon am ersten Abend von Tausend ‹Mündern› nachgesummt ...»[228]

Es gab auch Gegenstimmen. In der «Neuen Freien Presse» wurde dem Libretto «die verbrauchteste aller Theaterschablonen» nachgesagt: «... schlechte Witze und schlechte Kalauer jagen sich wie Ungeziefer am unreinlichen Orte.» Herablassend resümiert der Referent: «Johann Strauß darf mit dem Abende zufrieden sein. Wir wollen seine Operette nicht in den Himmel heben, sondern hübsch auf Erden bleiben, daß der Mann nicht übermütig werde. Sein Talent ist beschränkt und seine Musik eine musichetta ...»[229] Der Hochmut gewisser Wiener Presse-Schreiber kann kaum besser belegt werden als durch diese Zeilen von Hugo Wittmann, der 1893 als Mit-Texter der Strauß-Operette *Fürstin Ninetta* unter Beweis stellen konnte, daß ihm nicht entfernt ein so gutes Libretto gelang wie das hier so abfällig besprochene.

War die *Fledermaus* in Wien nicht erfolgreich? Im Jahre 1874 wurde sie insgesamt achtundfünfzigmal am Theater an der Wien gegeben. Offensichtlich hatte die Direktion eine größere Nachfrage nicht eingeplant und sich lieber auf Stücke mit Musik von Millöcker (1874: über 120 Aufführungen) verlassen. Andere Städte bemühten sich um den Ruhm, eine «Strauß-Bühne» zu beherbergen. In Hamburg etablierte sich das Carl-Schultze-Theater als erste Operetten-Bühne des «norddeutschen Wiens» am 6. Oktober durch die Erstaufführung der *Fledermaus* – mit drei Gästen vom Wiener Carl-Theater (u. a. mit Albin Swoboda als Eisenstein). Im Mai und Juni des *Fledermaus*-Jahres reiste «Giovanni» Strauß mit Gustav Lewy und der Elberfelder Langenbach-Kapelle nach Italien, wo in vielen Städten insgesamt 21 Konzerte mit gemischten Programmen gegeben wurden. Während zum Beispiel Langenbach Liszts «Rhapsodie» und Wagners «Tannhäuser»-Ouvertüre «aufs drehorgelmäßigste verhunzte», spielte Strauß mit seinen Walzern, Polkas und Märschen «allen inneren und äußeren Kopfschmerz hinweg» (Bülow)[230]. Der auf dieser Konzertreise komponierte Walzer «Bella Italia» wurde später von Richard Genée textiert und unter dem Titel *Wo die Citronen blüh'n* op. 364 ediert.

Wien – Paris – Budapest – Berlin

Im *Fledermaus*-Jahr führte Genée dem Meister einen neuen Mitarbeiter zu: Friedrich Zell (Camillo Walzel). Geboren 1829 in Magdeburg, war dieser Freizeit-Theaterdichter 1873 als Kapitän der 1. Donaudampfschiff-fahrts-Gesellschaft vorzeitig in den Ruhestand versetzt worden. Man kannte ihn am Theater an der Wien seit der erfolgreichen deutschen Büh-nenbearbeitung von Offenbachs «Die schöne Helena» (1865). Strauß ak-zeptierte den Vorschlag Zells, endlich Wien zum Schauplatz des nächsten Librettos zu machen. Damit war die wohl erfolgreichste Libretto-«Fir-ma» der Wiener Operette geboren. Genée hat ihre Zusammenarbeit so geschildert: «Für gewöhnlich ist Herr Walzel, der eine außerordentliche Belesenheit besitzt, der Finder der Stoffe. Hat er einen passenden Stoff entdeckt, so halten wir mehrere Besprechungen behufs der Einteilung der Handlung in drei Akte. Bei dieser Gelegenheit wird namentlich der Schauplatz und die Steigerung in den Aktschlüssen festgesetzt. Alles wei-tere geschieht ... auf dem Wege der Korrespondenz. Nun findet ein tägli-cher Briefwechsel zwischen uns statt, worin wir uns die beiderseitigen Manuskripte, so wie sie von einem Tag zum anderen anwachsen, Stück für Stück mitteilen und darüber unsere Meinung austauschen. Mir liegt in der Regel die Besorgung des sanglichen Teiles und die Versifizierung der Tex-te ob, während Herr Walzel die Prosa und den dialogischen Teil schreibt.»[231] Zell und Genée hatten sich 1873/74 in der Übersetzung und Bearbeitung zweier französischer Operetten (J. Offenbach, E. Jonas) er-probt. Ihr erstes selbständiges Libretto war die neue Strauß-Operette *Ca-gliostro in Wien*, die am 27. Februar 1875 am Theater an der Wien unter der Leitung des Komponisten Premiere hatte. Mit 35 Aufführungen en suite und 49 Aufführungen im Premieren-Jahr war der Erfolg zwar kein geringer, aber das Werk erlebte in den folgenden Jahren kaum noch Re-prisen. Und unter den rund 30 Bühnen, die den *Cagliostro* nachspielten, waren außer Stockholm keine außerdeutschen Bühnen. Vermutlich lag das an der enttäuschenden dritten Abteilung («Die Hellseherin»). Die beiden ersten Abteilungen («Das Fest auf der Türkenschanze», «Im La-boratorium») enthalten ansprechende Szenen, volkstümliche Anklänge mit Drehorgel und Jodlern, niedliche Polkas und Walzer (vgl. op. 369–374 mit dem *Cagliostro-Walzer* op. 370). Nach Richard Specht wäre es «nicht ausgeschlossen, dem *Cagliostro* ... durch Vereinfachung und Verinnerlichung der textlichen Motive einen Reiz abzugewinnen, den die Köstlichkeiten der Musik jetzt nur ahnen lassen»[232]. Leider hat sich die ambitionierte Neueinrichtung von Ludwig Herzer und Erich Wolfgang Korngold 1927 als Fehlschlag erwiesen, weil textlich wie musikalisch zuviel «gepanscht» wurde.

Für Strauß bedeutete *Cagliostro* nicht nur den Beginn mit der «Firma» Zell und Genée, sondern auch den Zugewinn seines bedeutendsten Gesangskomikers und den Verlust seiner bedeutendsten Soubrette. Marie Geistinger fühlte sich allzu «stiefmütterlich bedacht ... Seit *Cagliostro* schmollte ich ein wenig mit Strauß, weil er die besten Nummern für Fräulein Wieser, eine komische Alte, und für Alexander Girardi, der damals den Höhen seiner Kunst schon zustrebte, aufgespart hatte. An dem Abend dieser Premiere verlor ich die Lust am Singen, nach Höherem stand mein Sinn.»[233] Sie trat aus der Direktion aus und versuchte sich alsbald am Wiener Stadttheater in tragischen Rollen. Eine Grazerin ging, ein Grazer kam: der vierundzwanzigjährige Schlosser und Schauspieler-Laie Alexander Girardi sang den *Cagliostro*-Diener Blasoni, der einer alternden Fabrikanten-Witwe (Frl. Wieser) nach der Einnahme eines Zaubertranks das «blühend-jugendliche Gesicht» aufschwatzt und zum Beweis der Verjüngung einen Walzer mit ihr tanzt. Die Szene war so komisch, daß sie mehrfach wiederholt werden mußte. Girardi sollte sich auch in der Zukunft als unentbehrlicher Geburtshelfer von Strauß-Operetten erweisen.

Im März 1875 reisen Jean und Jetty nach Paris. Im dortigen Renaissance-Theater dirigiert Strauß drei Wochen lang die umgearbeitete erste Operette *La Reine Indigo*. Trotz der nur mäßigen sängerischen Leistungen und des zu kleinen Orchesters sind die Vorstellungen ausverkauft. Die Pariser, die nunmehr Strauß zujubeln, scheinen Offenbach vergessen zu haben. Offenbach muß seine Théâtre Gaîté zum Spottpreis verkaufen, sein Vermögen opfern, die Autorenrechte auf Jahre verpfänden und die Villa in Etretat vermieten, um Mitarbeiter und Personal auszahlen zu können.[234]

Das Ehepaar Strauß reist weiter in die ungarische Hauptstadt Budapest, wo Jean im Deutschen Theater die von Albin Swoboda hervorragend einstudierte *Fledermaus* dirigiert. Im Stadtpfarrhaus Schwendtner trifft das Ehepaar mit dem dreiundsechzigjährigen Abbé Franz Liszt zusammen, der in einer Matinée über die *Schöne blaue Donau* paraphrasiert. Strauß ist fasziniert und äußert: *Ja – wenn man sich so was auch aufheben könnte!*[235] Vierzehn Jahre später wird seine Musik zum erstenmal «aufgehoben»: Johannes Brahms spielt auf eine Wachsrolle des Edisonschen Phonographen die Klavier-Fassungen seines 1. Ungarischen Tanzes und eines Walzers von Strauß.

In Wien ist die Geistinger aus dem Direktorat des Theaters an der Wien ausgeschieden. Zum Auftakt der Winter-Saison 1875/76 – nun war Maximilian Steiner der einzige Direktor – leitet Strauß am 7. September noch einmal das Orchester (Ouvertüre zu *Indigo und die 40 Räuber*). Dann setzt er sich ab – er fühlt sich vertraglich nicht mehr gebunden. Den 50. Geburtstag feiert er in aller Stille und brütet mit Jetty über Bauplänen für das neue Haus in der Igelgasse. Nach Erteilung der Baugenehmigung gastiert Strauß von Mai bis Juli 1876 unter anderem in Dresden, Leipzig, Hamburg und vor allem in Berlin. Dort dirigiert er am Friedrich-Wilhelmstädtischen Theater bereits die 200. Aufführung der *Fledermaus* – in Gegenwart von Kaiser Wilhelm I. Im übrigen stellt er sich mit seiner Gei-

Aus den «Humoristischen Blättern», Wien 1873.
Zeichnung von Klič

ge im Stadtpark oder om Krollschen Garten vor die Berliner Symphoniker, die ihm der von Pawlowsk her vertraute Kapellmeister Ludwig Brenner zur Verfügung stellt. «Interessant war es, die Bilse'sche Berliner Ausführung mit der unter Leitung des Tonsetzers zu vergleichen. Bilse modifizirt das Tempo ganz erheblich, sucht durch allerlei dynamische Gegensätze Abwechslung zu schaffen. Strauß hält sich mehr an das rechte Walzertempo und vermeidet auch den grellen Wechsel zwischen stark und schwach.»[236]

Von Berlin zurück setzt Strauß die Arbeit an seiner neuen Operette *Prinz Methusalem* fort. Der Plan, den *Carneval in Rom* auf die Hofopern-Bühne zu bringen, mißlingt: Franz Jauner, nach Herbecks Rücktritt neuer Hofopern-Direktor, fühlt sich an die Zusage seines Vorgängers nicht mehr gebunden. Um jedoch Strauß abzufinden, stellt er ihm anheim, die neue Operette am Carl-Theater herauszubringen, das Jauner ebenfalls leitet. Das Pariser Gespann Delacour und Wilder liefert das Libretto, der aus Hamburg stammende Tenor und bewährte Offenbach-Übersetzer Karl Treumann besorgt die deutsche Fassung. Der ungeduldige Strauß entwirft viele Melodien nach den französischen Text-Vorlagen. Schon am 3. Januar 1877 dirigiert er die Uraufführung im Carl-Theater. Die in Italien spielende Geschichte um Thronstreitigkeiten und Revolutionen gefiel. Von den Musik-Nummern wurden vor allem die Couplet-Polka *Das Tipferl auf dem i*, das *Generalslied* und die «O-Walzer» (*O schöner Mai der Liebelei*; *O ihr glücklichen Alpenrosen*; *O du, o du, mein Feldmarschall*) zur Wiederholung verlangt. Diese Walzer von Strauß, «für die Wiener längst schon zur Religion geworden»[237], erlangen im *Prinz Methusalem* eine kaum noch zu überbietende dramaturgische Funktion: «Im Carltheater haben die Besucher während der Aufführung von Strauß's neuer Operette nur den einzigen Wunsch, daß die Bänke hinausgeschafft werden sollten...»[238] Von der elektrisierenden Wirkung dieser Walzer gibt die Folge *O schöner Mai!* op. 375 noch heute eine lebendige Vorstellung.

Walzer (O Du, o Du, mein Feldmarschall)

Der *Prinz Methusalem* eroberte sich zu Strauß' Lebzeiten über 80 Bühnen. Damit nimmt diese fünfte Operette immerhin den vierten Rang in
der Erfolgsstatistik ein – nach der *Fledermaus* (über 200 Bühnen) und den
später komponierten Operetten *Der lustige Krieg* sowie *Der Zigeunerba-*

Jetty und Jean zeigten sich in der Öffentlichkeit stets gut gekleidet.
Zeitgenössische Fotografie

ron (jeweils über 130 Bühnen). Johann Ritter von Herbeck hielt die *Fledermaus* zwar «für das bedeutendste der größeren Werke Strauß'»; der *Prinz Methusalem* enthalte jedoch «Einzelnheiten ... denen ein noch höherer Werth zuzusprechen ist».[239]

Nach dem dritten Dirigat des *Methusalem* reist Strauß nach Paris, um dort vom 12. Januar bis zum 8. März 1877 Monstre-Konzerte zu leiten und gemeinsam mit dem Folies Bergères-Dirigenten Olivier Métra die berühmten Pariser Opern-Bälle zu gestalten. Strauß dirigiert jeweils acht eigene Werke: abwechselnd Walzer und Polkas (bzw. Galoppe). Mit Sticheleien gegen Strauß hatte die Pariser Presse ungewollt das Interesse gesteigert. Allein zum ersten Masken-Ball am 13. Januar wurden rund 10000 Karten im Vorverkauf abgesetzt. Alle chauvinistischen Versuche, die französische Quadrille gegen den Wiener Walzer auszuspielen, scheitern an der Faszination des geigenden Strauß, der mit seinem bewährten Walzer-Strich selbst ein Hundert-Mann-Orchester übertönen kann. Immer wieder wird nach der *Schönen blauen Donau* verlangt. Am Ende trat zum künstlerischen und finanziellen Erfolg noch der «politische»: der französische Staatspräsident, Marschall Maurice Mac-Mahon, berief Strauß am 28. März zum Ritter des französischen Ordens der Ehrenlegion.

Bereits im Oktober wird Strauß abermals in Paris erwartet. Er ist zum Mann des Tages und der Mode geworden: es gibt Strauß-Hüte, Strauß-Cravatten und Strauß-Strümpfe. Im Renaissance-Theater dirigiert er am 30. Oktober *La Tzigane*, die Umarbeitung der *Fledermaus* – die letzte Premiere, die Jetty miterlebt. An die soeben verwitwete Marie Herbeck schreibt Jetty: «Nun gehts an das Ende ... wir werden darnach abpatschen, da es Jean nach Hietzung an seinen Arbeitstisch zieht – wo die *Blinde Kuh* seiner sehnsüchtig wartet und noch mehr Direktor Steiner.»[240] Alle ein bis zwei Jahre eine neue Operette herauszubringen ...: das war der neue Arbeits-Rhythmus von Strauß, den er seit 1871 bis zu seinem Tode einhalten wird (mit der einzigen Ausnahme der längeren Arbeitszeit an der Oper *Ritter Pásmán*).

Mit dem Versuch, die Pariser Opern-Bälle nachzuahmen, gewährt Strauß den Wienern im Dezember nur eine kleine Gastrolle. Im übrigen erwarten ihn viele zeitraubende Erledigungen im Zusammenhang mit den Bauten Igelgasse 4 und 6 (IV. Bezirk Wieden). Außerdem kränkelt Jetty. Und als sie am 8. April 1878 – nach fünfzehnjähriger Ehe mit Jean – im Hietzinger Heim an einem Schlaganfall stirbt, ist Strauß völlig hilflos. Er veranlaßt nur noch den Druck der Traueranzeige: *Johann Strauß, k. k. Hofballmusik-Direktor, gibt hiemit schmerzerfüllt Nachricht von dem ihn tief betrübenden Ableben seiner innigstgeliebten, unvergeßlichen Gattin, der Frau Henriette Strauß ...*[241] Dann taucht Jean für einige Tage unter. Bruder Eduard muß für ihn die Beileidsbekundungen am 11. April auf dem nahen Hietzinger Ortsfriedhof (heute Maxingstr. 15) entgegennehmen.

Lily, die Zweite

Johann zog sich ins nahegelegene Hotel «Victoria» zurück und versuchte der psychischen Verwirrung Herr zu werden. Der toten Jetty gegenüber hegte er zwiespältige Assoziationen. Einerseits hatte es in den letzten Monaten Streit mit ihren Kindern gegeben – die jüngste Tochter Louise sagte sich gar von ihr los. Andererseits war nun der Alleinerbe Strauß ein reicher Mann geworden. Häuser und Häuser-Anteile, Möbel, wertvolle Kleider und 107 Schmuckstücke (diese allein im Werte von über 20000 Gulden) hatte ihm die Juweliers-Tochter «Edle von Treffz» [242] hinterlassen. Wichtiger noch war Jettys künstlerischer Einfluß gewesen: Sie hatte ihn zum Operetten-Ruhm verholfen und durch das Management sensationeller Kunstreisen seinen Weltruhm gefördert. In erotischer Hinsicht war Jetty zunehmend in die Rolle der Ersatz-Mutter hineingewachsen. Sie verübelte es ihrem Jean nicht, wenn er sich «kleine Seitensprünge» [243] leistete. Hätte sie allerdings von seinem Verhältnis zu Lily gewußt, so hätte sie ihm sicherlich die Augen ausgekratzt. Lily wohnte – als Waise allein – in der Ressel-Gasse 5, unweit des Theaters an der Wien. Den Kuppler spielte Jeans Schulfreund Gustav Lewy: «Strauß sollte ihre Stimme prüfen.» [244] Ernestine Henriette Angelika Dittrich, in Breslau am 30. März 1850 geboren, hatte sich in Wien vom geschätzten böhmischen Lieder-Komponisten und Kapellmeister Heinrich Proch zur Bühnen-Sängerin ausbilden lassen. Über Strauß suchte sie ein Engagement am Theater an der Wien zu finden. Doch Strauß engagierte sie selbst – als neue Ehegefährtin. Unmittelbar nach Jettys Tod beantragt Lily eine Ehe-Erlaubnis und erhält am 23. April 1878 – nur zwölf Tage nach Jettys Tod – das Zeugnis der deutschen Botschaft zu Wien, daß es einer solchen Erlaubnis nicht mehr bedarf. Genau sieben Wochen nach Jettys Tod heiraten beide in der Karlskirche (28. Mai). Trauzeugen sind der Gesangslehrer Heinrich Proch und der Hotelier Josef Schindler.

Der um 24 Jahre ältere Strauß hätte Lilys Vater sein können. Die «hochintelligente Sängerin» [245] sucht in ihm aber auch den erotischen Partner. Beide verbringen die Hochzeitsreise in Wyk auf der Nordsee-Insel Föhr, wo sich Strauß zu den *Nordseebildern* op. 390 inspirieren läßt. Strauß nimmt nun ein altes Hobby wieder auf: das Karikaturen-Zeichnen. Beim Landschaftsmaler Anton Hlaváček hatte er im Sommer 1861 kurze Zeit Unterricht genommen. Nun zeichnet er den Wirt «eines Hotels in Sylt (Sandwall 38), der, die Brille auf der Nase, Strauß auf einer Tasse das Frühstück serviert. Der Diener Peter, das alte Faktotum des Walzer-fürsten, schreitet gravitätisch neben dem Wirt einher.»[246] Wieder in Wien zurück, beziehen Johann und Lily das neue geräumige Haus Igelgasse 4. Die «Fledermaus»-Villa in Hietzing wird verkauft.

Künstlerisch schloß das Jahr 1878 mit einem Durchfall erster Klasse ab: die neue Operette *Blindekuh* erlebte nach der Premiere am 18. Dezember 1878 nur noch fünfzehn Aufführungen. «Johann Strauß dirigiert persön-lich – das Publikum zum Theater hinaus», ulkte die humoristische Zeit-schrift «Die Bombe». Zum Titel fügte sie hinzu: «Leider spielte Meister Strauß diesmal bei der Wahl seines Librettos selber – *Blindekuh*. Oder

Lily wollte sich von Strauß eigentlich nur die «Stimme prüfen» lassen...
Zeitgenössische Fotografie

Das neue Strauß-Palais in der Igelgasse («Igelheim»)

sollte ein kurzsichtiger Esel von Theaterdirector die Wahl dieses Textbuches besorgt haben?»[247] An Direktor Max Steiner, der seinerzeit mit Millöcker-Operetten («Das verwunschene Schloß» u. a.) einen beachtlichen Erfolg hatte, lag es sicher nicht. Strauß war vielmehr nach der von Josef Braun besorgten Umarbeitung von *Königin Indigo* (sie hatte am 9. Oktober 1877 Premiere und wurde fünfzehnmal gegeben) wieder ans Theater an der Wien zurückgekehrt, zumal es das bessere Orchester hatte. Da kein anderer Librettist zur Verfügung stand (Zell schrieb für Genée, Zell und Genée schrieben für Millöcker), wurde der in Operetten wenig bewanderte Lustspiel-Dichter Rudolf Kneisel eingespannt. Dessen doch zu biedere Witze um eine Namens-Verwechslung («... ich heiße Meyer») und um das dramaturgisch verfehlte Blindekuh-Spiel ließen keine Stimmung aufkommen. Girardi hatte diesmal weniger zugkräftige Couplets als Albin Swoboda (*Eisenbahn-Polka*) zu singen. Außerdem war der Hauptwalzer zu langsam konzipiert und mit einem zu einfältigen Text bedacht: *Blindekuh! Blindekuh! Endlich ist jetzt Ruh' ja Ruh! Muh Muh!*

So albern schließt die Operette. Ohne Text konnten diese Strauß-Melodien eher bestehen, wie die von Kurkapellen gern gespielte Walzer-Folge *Kennst du mich?* op. 381 beweist. Weltberühmt wurde die Polka *Mag er lachen* (Nr. 10) durch Peter Kreuders Umformung zum langsamen Walzer «Sag' zum Abschied leise Servus», den Willi Forst 1936 im Tonfilm «Burgtheater» sang.

Abwegig ist es, die Entstehung von *Blindekuh* «der Betörung des Lily-Erlebnisses»[248] zuzuschreiben und auf diese Weise Lily eine Mitschuld an dem Mißerfolg (nur sieben Bühnen spielten das Werk nach) anzudichten. Aus Jettys bereits zitiertem Paris-Brief[240] wissen wir es anders. Überhaupt haben die Strauß-Biographen an Lily einiges wiedergutzumachen. «Die schöne, lebenslustige Frau» wird uns von Schnitzer, der sie 1881 kennenlernte, als «ein munteres, sehr munteres, rundliches Geschöpfchen» geschildert, «dessen übermütiger Frohsinn»[249] den Meister verzaubert habe. Auf Fotos erscheint die Schlesierin als ein erotisch sehr anziehendes Geschöpf. Sie war kleiner als Johann und bändigte ihr überlanges, bis in die Kniekehlen reichendes Haar mit einem Zopf-Geflecht. Die Gewohnheit, die Haare mit der Brennschere zu wellen, hat Johann von ihr übernommen.

Mit der Einrichtung des «Igelheims» nach den Bedürfnissen des Mei-

Strauß heiratet Lily Dittrich. «Kikeriki», 6. Juni 1878

Johann Strauß, der Neuvermählte.

sters hatte Lily keine geringe Aufgabe übernommen. Das neue, mit seiner Renaissance-Fassade palaisartig wirkende Haus besaß zwei Stock-
werke mit acht Fensterachsen. «Der erste Stock enthielt die für festliche
Gelegenheiten bestimmten Räume (Empfangssalon und Speisesaal) und
die Schlafzimmer; im Parterre befanden sich das Speisezimmer, das ‹Kaffeehaus› mit Billard, der Ankleideraum und das Arbeitszimmer des Meisters. Bargen die anderen Räumlichkeiten des Hauses eine große Anzahl
wertvollster Kunstwerke und Kunstgegenstände, so war die Einrichtung
des Arbeitszimmers eine recht einfache. Der Schreibtisch und das Steh-
pult, wo Strauß zu komponieren pflegte, bildeten die wichtigsten Einrich-
tungsgegenstände. Das Arbeitszimmer ging auf den Garten hinaus ...
Anschließend an das Arbeitszimmer befand sich ein kleiner nischenähnli-
cher Raum mit dem Harmonium, auf dem des Meisters Schöpfungen zum

erstenmal zu erklingen pflegten.»[250] Das danebenstehende Klavier wurde von Strauß nur noch selten benutzt, da es ihm – dem Geiger – die Stimmen nicht getragen genug simulierte. Wie Strauß auf der Orgel spielte, hat Kalbeck festgehalten: Strauß «lehnte die Tabakspfeife in die Ecke, zog das Grandjeu-Register und fingerte nervös auf einem der beiden Manuale herum. Gewöhnlich gab es eine tolle Musik, besonders bei dem gehackten Akkompagnement des Walzer- oder Polka-Taktes, das zu den feierlichen Schallweisen des würdigen Instruments den lächerlichsten Widerspruch bildete, und nur wer mit den Eigenheiten des Spielers und Komponisten vertraut war, konnte ungefähr erraten, was das sonderbare Konzert bedeutete. *Na, was meinst, Freunderl?* und ohne die Antwort abzuwarten, spielte er das Ganze noch einmal ruhiger und klarer.»[251]

Als der Meister im Sommer 1880 noch eine Villa in Schönau bei Leobersdorf erwarb, mußte auch diese eingerichtet werden.

«Herr Peter»,
der Diener von Johann Strauß.
Karikatur von Johann Strauß

Strauß arbeitete seit einem Jahr an einem Cervantes-Stoff, den ihm der Preßburger Theater-Direktor Heinrich Bohrmann-Riegen auf Vermittlung von Gustav Lewy präsentiert hatte: *Das Spitzentuch der Königin*. Richard Genée beteiligte sich abermals an der dramaturgischen Zubereitung des Stoffes und der Abfassung von Gesangstexten. – Der junge König von Portugal wird vom Premierminister allen Regierungsgeschäften ferngehalten. Wegen eines Pamphlets gegen den Premier muß Cervantes ins Gefängnis. Doch ein Professoren-Kollegium erklärt ihn zum Narren, der ungefährlich sei. Als der König die von Cervantes verfaßte Großjährigkeitserklärung verliest, weiß der Premier durch das Vorweisen des «Spitzentuchs» den Verdacht auf die Königin zu lenken, die angeblich Cervantes liebe. Beide werden verbannt, ehe sie im letzten Akt sich rehabilitieren können und der König den Premier absetzt.

Das Libretto steckt voller ironischer Anklänge. Und Strauß hat die Texte mit großer Lust vertont, hat spanische Folklorismen (Bolero, Habañera, Paso doble) einbezogen und zündende Walzer geschrieben. Sie sind in einem der beliebtesten Zyklen zusammengefaßt: *Rosen aus dem Süden* op. 388. Die beiden ersten Melodien entstammen dem «Trüffel-Couplet»; der Walzer Nr. IV (*Hell wie ein Strahl / Preis sei dem Herrscher*) bildet den Kern des zweiten Finales, das dem zweiten *Fledermaus*-Finale nachgestaltet ist. Das *Spitzentuch* ist von Strauß für hervorragende Sänger geschrieben worden (der Premier muß bis zum hohen cis singen!), die bei der Uraufführung am 1. Oktober 1880 unter der Leitung des Komponisten freilich zur Verfügung standen. Die Hauptattraktion war die junge Ungarin Eugenie Erdösy mit ihren hübschen Beinen und der anmutigen Gestalt; sie stellte in der vierten Hosenrolle von Strauß den jungen portugiesischen König dar. Mit dem auch finanziellen Erfolg des *Spitzentuchs* eröffnete der neue Direktor Franz Steiner verheißungsvoll die Saison. Trotz der hohen Schulden, die ihm der am 29. Mai 1880 an Krebs gestorbene Vater hinterlassen hatte und die sich bis zu einer Viertelmillion Gulden erhöhen sollten, schraubte Steiner die künstlerischen Ansprüche der von ihm besonders gepflegten Operette weiter in die Höhe.

Inzwischen war der Hamburger August Alwin Cranz alleiniger Strauß-Verleger geworden. In Hamburg leitete Strauß am 30. November 1880 die Premiere des *Spitzentuchs* im Carl-Schultze-Theater und bedankte sich beim Hamburger Publikum für die Beförderung zum «Opernkomponisten». Als erste Opernbühne der Welt hatte das Hamburger Stadttheater ab Mai 1880 die *Fledermaus* ins Repertoire genommen. Lily erfaßte sogleich diese erhöhten Ansprüche. Wenn es nämlich um ein neues Libretto ging, lieh Strauß «sein Ohr einer Menge von unberufenen und gefährlichen Ratgebern». Bevor sich Strauß «für ein Sujet entschied, fanden förmliche Palastrevolutionen und Staatsstreiche in der Igelgasse statt, und es wurden in den beiden Parterrezimmern Intriguenstücke aufgeführt, die für den unbeteiligten Zuschauer meist viel unterhaltender wa-

*Der Hamburger Verleger A. A. Cranz am Billardtisch
im «Igelheim». Karikatur von J. Strauß*

ren als die nachher ausgewählten Libretti. Entscheidend bei der Wahl war vor allem der jeweilige Geschmack des Publikums, dann erst wurde nach der Fabel, nach dem Szenarium, nach den Gesangsnummern gefragt.»[252] Mit diesem Schlendrian begann Lily so gründlich aufzuräumen, daß Friedrich Zell noch fünf Jahre später jammerte: «Sie, lieber Freund, hatten Vertrauen zu uns, zu sich und – (erinnern Sie sich wohl an diese Tatsachen!!!) Sie komponierten die ersten Akte – meist ohne zu wissen, was der 2. und 3. Ihnen für Aufgaben stellen würde – und siehe da, der Erfolg stellte sich – mehr und minder! – jedesmal ein!»[253] Über Lilys Einwirken schreibt Zell: «Im *Lustigen Krieg* drangsalierten uns Frau Lili und Direktor Steiner arg wegen Kürzung der Prosa, Verlängerung der Musiktexte, wodurch manche Undeutlichkeiten herauskamen, für die *Nacht* (*in Venedig*) arbeiteten wir mit total gebundener Marschroute!! Da war uns (ebenfalls von Frau Lili) Zeit, Ort, Personen, ja der Schauplatz des dritten

Aktes vorgeschrieben ...»[254] Lilys engagierte Mitwirkung ist sogar von der Presse der damaligen Zeit glossiert worden. In einer Geburtstags-Anekdote schildert der Beobachter des «Neuen Wiener Tagblatts», wie Strauß auf der Schönauer Promenade von einem Einfall getroffen wird: «Papier! Papier! Einen ganzen Librettisten für ein Stück Papier! Frau Strauß zog ihre Börse und überreichte ihrem Gemahl – eine Hundertguldennote.»[255] Auf diese Note soll Strauß die Noten jenes *Kuß-Walzers* geschrieben haben, den der Volkssänger Franz Wagner textieren mußte, weil die Librettisten Zell und Genée sich geweigert hatten, auf weitere Einfügungen und Änderungen von Lily, Girardi oder Strauß einzugehen:

Nur ____ für Na - tur ____ heg – te sie ____ Sym - pa - thie ____

Der von Girardi gesungene Walzer wurde ein Haupttreffer der Uraufführung vom 25. November 1881 am Theater an der Wien. Alsbald war er überall auf den Straßen Wiens zu hören. Für die überdimensionalen Ausmaße solcher Popularität schufen die Wiener Kritiker einen neuen Begriff: Schlager (zuerst nachweisbar in der «Wiener National-Zeitung»).

Die Handlung des *Lustigen Krieges* spielt in Italien, wo sich die Fürsten von Massa-Carrara und Genua um eine Ballett-Tänzerin streiten. Den Oberbefehl über das Damen-Regiment der Marmorstadt Carrara führt die Gräfin Violetta. Sie weiß den Kampf zu entscheiden, indem sie durch List den gegnerischen Oberst Spinola mattsetzt, ihn heiratet und mit ihm die Regierungsgewalt von Genua übernimmt. Musikalisch ist diese Operette überreich an eingängigen und charakteristischen Melodien. Verleger Cranz mußte fast jede Nummer einzeln herausgeben, und Strauß hatte nicht weniger als zehn Nummern zu Tanzfolgen umzuarbeiten (op. 397–405, 407). 42 Serien-Aufführungen gab es in Wien. Die 100. Wiener Aufführung erfolgte am 2. September 1882, die 200. Berliner Aufführung am 14. August 1882. In kurzer Zeit eroberte sich *Der lustige Krieg* über 130 Bühnen (einschließlich Amerika und Rußland) und wurde «ziemlich allgemein als sein Meisterwerk betrachtet»[256]. Dieser Erfolg gab nachträglich Lilys kritischer Einstellung in der Libretto-Frage recht. Zweifellos ist *Der lustige Krieg* Johanns und Lilys Operette – wie *Die Fledermaus* Jeans und Jettys Werk war, *Der Zigeunerbaron* die Operette von Jeany und Adele sein wird.

In das Jahr 1881 fallen noch zwei andere wichtige Ereignisse. Zur Vermählungsfeier des Kronprinzen Rudolf mit der Prinzessin Stefanie von Belgien steuerte Strauß die Walzer-Folge *Myrthenblüten* op. 395 (Uraufführung am 8. Mai mit dem Wiener Männer-Gesang-Verein im Prater) und den *Jubelfest-Marsch* op. 396 (10. Mai Theater an der Wien) bei. Am 7. Dezember hatte Strauß im Ringtheater die Wiener Premiere von Offenbachs nachgelassener Oper «Hoffmanns Erzählungen» besucht. Vor der Aufführung am nächsten Tag brach ein Feuer aus, bei dem 379 Besucher ums Leben kamen. Direktor Franz Jauner wurde gerichtlich belangt; es wurde ihm verboten, weiterhin ein Theater zu leiten. Strauß zog sich von der Leitung des Theaters zurück, der er seit 1873 als Aktionär und Verwaltungsrats-Mitglied angehört hatte.

Über den Fortgang und über das Ende der Ehe mit Lily belehrt uns unter anderem ein Brief, den Johann im Juli 1882 an Lily in Franzensbad schrieb, wo sie zur Kur weilte. Sie hatte ihm den Vorschlag gemacht, zu ihr zu kommen und ein Wohltätigkeitskonzert zu leiten. Nicht zuletzt fragte sie nach dem Befinden des «Strohwitwers». Johann antwortete: *Heute willst Du von mir erfahren, ob es wohl ohne Dich ginge? Ist das recht? – was denkst Du von Deinem Jeany – der die Minuten zählt, bis er wieder sein Weiberl von Angesicht zu Angesicht genießen kann!* Dann folgt eine verwirrende Argumentation, daß ihm *das Briefschreiben odios –* und dann wieder, daß er nichts lieber tut als zu schreiben, *wo meine Gedanken, für wen mein ganzes Fühlen!!* Die Bitte, nach Franzensbad zu kommen, schlägt Strauß ab – es würde ihn *aus der jetzigen Schreiblaune bringen.* Man würde sich nach der Kur in Schönau sehen können: *Du wirst Deine Pferdln, Poperln, den Croquetel ... sehen, Du wirst Deine Pferde ausführen, mit ihnen viel Freude haben ... wir werden unser Bierl ... zusammen trinken, werden zusammen Patience spielen, ist das Alles nicht schöner?!!*[257] Für Lily war das nichts mehr wert. Ihre Reaktion ist bekannt: sie verließ nach der Rückkehr aus Franzensbad ihren Johann und zog in eine der Wohnungen im Theater an der Wien. Direktor Franz Steiner stellte sie als Assistentin ein. Daraufhin schrieb Strauß einem Freund: *Ich bin überhaupt verzagt, für Wien noch etwas zu schreiben – für die Bühne nähmlich –, daß ich den Entschluß gefaßt habe, nach Paris auszuwandern.*[258] Wenige Tage später erschien am 15. Oktober 1882 in der Zeitschrift «Die Bombe» eine Karikatur mit dem Paris-Reisenden Strauß und dem Text: «Das wäre der erste ‹Marsch› von Johann Strauß, der in Wien sicher Niemandem gefallen würde.»[259] Strauß änderte sogleich seinen Plan und erwog nun, seine Existenz für immer in Berlin zu suchen. Ohnehin war er eingeladen worden, dort die 250. Vorstellung des *Lustigen Kriegs* zu dirigieren. Am 9. Dezember erwirkte Strauß die rechtskräftige Scheidung «von Tisch und Bett»[260]. Fünf Tage später brachte der «Kikeriki» zwei Porträts von Ehepaaren vor der Kirchentür: «Auch ein *Lustiger Krieg*: Direktor Steiner heiratet Frau Strauß. – Herr Johann Strauß heiratet, wie man erzählt, nächstens eine andere.»[261] Die «andere» war noch jünger als Lily und hieß Adele.

Adele (die Dritte) und der «Zigeunerbaron»

Nur wenige Tage nach Lilys Auszug aus dem «Igelheim» erinnert sich Strauß an eine Witwe mit Kind aus dem Hirschenhaus, holt sie zum Speisen ab (*theure Adele*), bedankt sich Mitte Oktober 1882 für beglückende Ohr-Flüstereien (*innigst geliebte Adele*) und sehnt sich am 1. November kurz vor der Berlin-Reise möglichst bald in ihre Arme zurück (*Meine Liebste!*).[262] – Als die Jüdin Adele Deutsch in Wien geboren wurde, hatte Strauß schon sein Opus 175 komponiert. Im *Fledermaus*-Jahr heiratete sie den Eisenbahn-Offizial Anton Strauß, der bald starb und eine erst einundzwanzigjährige Witwe nebst zweijährigem Töchterchen Alice hinterließ. Adele war sehr liebenswürdig: «Ich habe nie das Gefühl gehabt, einen alten Mann geheiratet zu haben.»[263] Sie verstand es, die letzten sechzehn Schaffensjahre von Strauß mit einem Schimmer des Glücks und häuslicher Behaglichkeit zu verschönen. Beide hielten ein gastfreies Haus, in dem Marquis Franz von Bayros, Johannes Brahms, Anton Bruckner, Baron Ludwig Dóczi, Alexander Girardi, Carl Goldmark, Alfred Grünfeld, Eduard Hanslick, Franz Jauner, Max Kalbeck, Ignatz Schnitzer, Eduard Strauß, Victor Tilgner und viele andere ein und aus gingen. «Na, diese Abende bei Strauß! Und die Frau! Und der Champagner! Und die Walzer!»[264] So schwärmte Brahms. Anfang 1883 hatte Strauß *so ein kleines Koloratur-Walzerl*[265] komponiert, das mit der Textunterlegung Genées am 1. März von der Hofopern-Sängerin Bianca Bianchi in einer Matinee des Theaters an der Wien uraufgeführt wurde. Diese *Frühlingsstimmen* op. 410 sind dem befreundeten Pianisten Alfred Grünfeld gewidmet, der sie in einer akkordverstärkten Salon-Ausführung oft gespielt hat. Grünfelds weitere Walzer-Paraphrasen von Strauß-Werken stehen – ähnlich wie die von Eduard Schütte, Robert Fuchs, Karl Tausig – in einem mittleren Schwierigkeitsgrad. Viel zu aufwendig sind die von Max Reger, am elegantesten die von Ernst von Dohnányi. Zu Lebzeiten des Meisters spielten noch die Pianisten Annette Essipoff, Rafael Joseffy und Anton Rubinstein seine Walzer häufig in Konzert-Programmen.

Während des Zerwürfnisses mit Lily hatte Strauß dem Direktor des neuen Friedrich-Wilhelmstädtischen Theaters in Berlin, Julius Fritsche, die Uraufführung der neuen Operette *Eine Nacht in Venedig* zugesagt. Da Wiener Musik-Kritiker recht tendenziös über die Berliner Premieren-

Vorbereitungen berichteten, da ferner der Mitlibrettist Walzel Textverbesserungen ablehnte, stand die Uraufführung am 3. Oktober 1883 unter keinem günstigen Stern. Insbesondere der Text des *Lagunen-Walzers* im dritten Akt gab Anlaß zu einem Miau-Happening. Girardi setzte für die Wiener Aufführung sechs Tage später die uns bekannte Änderung durch:

Trotz der chauvinistisch jubelnden Wiener Presse («... feststeht und treu die Wacht, die Wacht am Strauß»[266]) und hervorragender Kräfte kam es in Wien nur zu 35 En-Suite-Aufführungen (*Der lustige Krieg* hatte es auf 42, Millöckers «Bettelstudent» gar auf 56 gebracht). Dennoch eroberte sich die *Nacht in Venedig* zur Lebzeit des Komponisten wegen der herrlichen Melodien über 60 Bühnen – darunter New York, Kiew und Chicago. Die noch heute vielgespielte Operette wird in pietätvollen Bearbeitungen des Originals angeboten.

Das Libretto der *Nacht in Venedig* war noch «mit [Lilys] total gebundener Marschroute»[254] erarbeitet worden. Adele verstand es, den Meister vom Gespann Lily–Zell–Genée endgültig abzubringen. Als er am 3. Februar 1883 im Volkstheater zu Budapest den *Lustigen Krieg* dirigierte, führte sie ihn zu Maurus Jókai, dem berühmten ungarischen Romancier. Dieser versprach ein Operetten-Libretto zu liefern. Strauß traf damals wiederum mit Franz Liszt zusammen, spielte mit ihm Whist und improvisierte über die noch unveröffentlichten *Frühlingsstimmen* op. 410.

Mit dem alsbald nach Wien geschickten «Saffi»-Entwurf Jókais vermochte weder Strauß noch Jauner etwas anzufangen. So wurde der ungarisch-deutsche Journalist Ignatz Schnitzer mit der Bearbeitung des Szenariums beauftragt. Schnitzer arbeitete flink, doch Strauß ließ sich diesmal viel Zeit. Er feierte am 15. Oktober 1884 bereits das vierzigjährige Künstler-Jubiläum. Im Theater an der Wien wurde er dabei mit Ausschnitten aus allen neun bislang komponierten Operetten gefeiert. Im zweiten Akt der *Fledermaus* erschien der Grazer Tenor Franz Eppich als «Unbekannter» und letzter Gast: «Entschuldigen Sie, daß ich so spät komme, aber ich bin eben erst fertig geworden, ich bin der *Zigeunerbaron*.»[267] In Wirklichkeit hatte Strauß erst die Hälfte des *Zigeunerbaron* komponiert. Einem Interviewer gestand er, daß er jetzt nur noch *vormittags zwei Stunden*

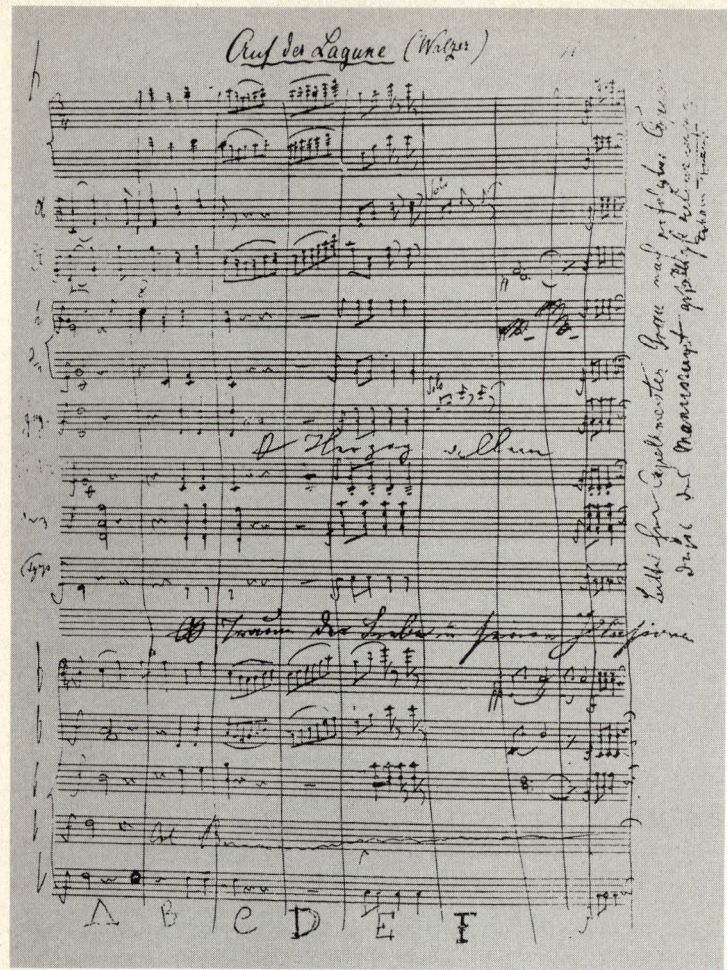

Partitur-Seite zur «Nacht in Venedig»

arbeite: *Nachmittags läßt die starke Nervosität ... selten eine ruhige, ge-sammelte Stimmung aufkommen.*[268]

Hinzu kam, daß Strauß «unter einem gewissen ästhetischen Zwang»[269] stand, weil er den *Zigeunerbaron* ursprünglich an der Wiener Hofoper herausbringen wollte. Als jedoch Lily und Franz Steiner Ende April 1884 mit erklecklichen Abfindungssummen aus dem Theater an der Wien aus-schieden, änderte Strauß sein Vorhaben. Er einigte sich mit der neuen

Besitzerin des Theaters, der Schauspielerin Alexandrine von Schönerer, sowie mit dem Pächter Camillo Walzel und dem Berater Franz Jauner. Gerade der im Sommer 1884 vollzogene Stil-Wandel von der komischen Oper zur Operette machte Strauß neuerlich zu schaffen. Schließlich wird er mehr als zwei Jahre brauchen, um mit dem *Zigeunerbaron* zurechtzukommen (außer am *Ritter Pásmán* hat er an keinem anderen Werk so lange gearbeitet). Die zuerst komponierte Nummer war die im Sommer 1883 ausgeführte *Belgrader Schlacht* (Nr. 4), die zwischen dem chansonartigen ersten Teil und dem konventionellen Polka-Teil einen erheblichen Stilbruch aufweist. Sicherheit gewann Strauß erst dort, wo das ungarische Idiom verlangt war, das er seit beinahe 40 Jahren – seit dem *Pesther Csárdás* op. 23 – gepflegt hatte. Aus einem Csárdás ein Finale aufzubauen: das war ihm schon einmal im zweiten Akt der *Fledermaus* geglückt. Ähnliches versucht er hier im ersten Finale – die dramaturgische Zugkraft einer Walzer-Szene sich für das zweite Finale aufsparend. Strauß empfiehlt seinem Textdichter eine *Zusammenschiebung des Ganzen* und belehrt Schnitzer: *Es ist unmöglich, daß in der vorhergehenden Nummer die Hauptthemen des nachfolgenden Finales erscheinen. Welchen musikalischen Reiz hätte dann die Schlußnummer, von der ja der Haupterfolg der Operette abhängt?*[270] Von der Textanregung durch den Komponisten bis zur Textunterlegung vorher bereits vorhandener Melodien ergibt sich eine Fülle von Möglichkeiten. Schnitzer hat über diese Zusammenarbeit interessante Auskünfte[271] erteilt, die man jedoch nicht ungeprüft übernehmen darf – so sind zum Beispiel alle eingearbeiteten Strauß-Briefe eigenmächtig verändert.

Wegen gesteigerter Nervosität gab es im Sommer 1884 eine unliebsame Unterbrechung der Arbeit: Strauß mußte für acht Wochen zur Kur nach Franzensbad. Kritischer geworden, verwarf er Melodien, wechselte Teile aus, instrumentierte um. Als er am 23. Juli 1885 endlich beim *Sittencommission-Couplet* (Nr. 12) angelangt war, mäkelte er rückschauend an der Nr. 3 des ersten Akts herum: *Mit allen Texten bin ich einverstanden und dafür Schwärmer, nur mit dem Schweinehändler-Couplet konnte ich mich nicht recht einverstanden erklären…*[272] Der arme, an sich selber zweifelnde Jean! Gerade Zsupáns Auftritts-Polka sollte durch Girardis Vortragskunst zum «Volltreffer» werden:

Ja, das Schreiben und das Le - sen, ist __ nie mein Fach ge - we - sen

Endlich scheint das Ende in Sicht. Strauß korrigiert am 26. Juli bereits abschließend an den beiden ersten Akten und wagt sich an die Nr. 16 des dritten Akts – Girardi/Zsupáns Marsch *Von des Tajos Strand* (*da darf man auch ein bissel ordinär sein*[273]). Da wird Adele plötzlich krank. Für sechs Wochen geht es nach Ostende in Belgien, wohin Schnitzer den fertigen Text des dritten Akts bringt. Strauß erholt sich einige Wochen und versucht weiterzukomponieren. Da er keinen Kopisten bei sich hat, muß er zeitraubende Abschriften besorgen: *Lauter Notengeschmiere – nichts dahinter und doch erheischt dieses Geschreibsel täglich vier Stunden Arbeit.*[274] Abermals muß unterbrochen werden. Auf der Rückreise hat Strauß in Berlin am 15. September den *Lustigen Krieg* (300. Berliner Aufführung), tags darauf *Eine Nacht in Venedig* (50.), wieder einen Tag später *Die Fledermaus* (400.) zu dirigieren. Das Ende der *Roboterei*[275] war erst Anfang Oktober in Schönau erreicht, wo Strauß das Finale des dritten Akts schrieb.

Jauner hatte inzwischen zahlreiche Regie-Einfälle produziert und in einem Zigeunerlager bei Raab sogar Wagen, Pferd, Kleider und andere Requisiten «original» erworben. Strauß träumte: *Der Einzugsmarsch muß großartig werden. – Etwa 80–100 Soldaten (zu Fuß und zu Pferde), Marketenderinnen in spanischem, ungarischem und wienerischem Costüm, Volk, Kinder ... müssen erscheinen, die Bühne bis zum Papagenothor geöffnet – es muß ein großartiges Bild werden, da wir diesmal österreichisches Militair und Volk in freudiger Stimmung, über einen gewonnenen Sieg uns einbilden wollen!*[276]

Hur - rah   die   Schlacht mit - ge-macht,   hab'n wir   im   fer-nen Land

Nur Einbildung? Sollen doch die Österreicher *so lange den Zigeunerbaron besuchen, bis dieser glückliche Moment eintritt ...* Idealismus und Vaterlandsliebe? Oder winkt nicht auch ein finanzieller Sieg, den Gott Mammon bescheren möge: *... ich schwöre Dir lieber Freund, wir können reicher als 100000 Rothschilde werden.*[277] Tatsächlich wurde der *Zigeunerbaron*, uraufgeführt am Vorabend zum 60. Geburtstag des Meisters, ein grandioser Erfolg. Mit 87 Aufführungen en suite war der *Zigeunerbaron* am Theater an der Wien sogar erfolgreicher als die *Fledermaus*. Zu Lebzeiten von Strauß ging das anspruchsvolle Werk über rund 140 Bühnen der Welt.

Karl Streitmann kreierte den Titelhelden (*Ja, das alles auf Ehr*), der in «wilder Ehe» mit dem Zigeunermädchen Saffi (Ottilie Collin: *O, habet acht*) lebt und mit ihr das Mazurka- und Barkarolen-Duett *Wer uns getraut* singt. Den Grafen Homonay sang Josef Josephi (Werberlied: *Her die Hand, es muß ja sein*), die Arsena Fräulein Reisser (*Ein Freier meldet sich*). Vor allem aber gefiel Alexander Girardi als Schweinezüchter Zsu-

pán (*Ja, das Schreiben und das Lesen, Von des Tajos Strand*). Mit dem Zsupán gelang Strauß wohl die beste Charakter-Zeichnung einer Operetten-Figur. Hier glückte es dem Wiener Meister, «eine Figur volkstümlich zu machen, eine Gestalt von behaglicher Lebendigkeit zu schaffen, die sofort leibhaftig und gegenständlich wird, wenn nur ein paar Takte der ihr zugehörigen Musik angeschlagen werden»[278]. Zwischen ungarischer und wienerischer Musik ist im *Zigeunerbaron* eine beglückende Wahlverwandtschaft aufgezeigt worden. Davon legt bereits die Ouvertüre Zeugnis ab. Neben Märschen, Polkas, Mazurka und Quadrille (op. 417–422) sind vor allem die Tanzmusik-Bearbeitungen des *Schatz-Walzers* op. 418 bis heute ungemein populär geblieben.

In Hanslicks ausführlicher Kritik des *Zigeunerbaron* wird der komposi-

Girardi als Zsupán im «Zigeunerbaron». Zeitgenössische Fotografie

torische Fortschritt gewürdigt – in der Bewältigung größerer Formen, in der Charakterzeichnung und dramatischen Behandlung, in der konsequenten Steigerung der musikalischen Mittel. Auch Schnitzers Handlungsverlauf und Text-Fassungen erhalten reichliches Lob. Indessen kritisiert Hanslick das *Liebesduett* Nr. 8 mit seinem «verzückten Unisono von erprobter Banalität»[279]. Tatsächlich hat das Unisono (*o Blick in Blick und Mund an Mund, o selig Glück, o wonnige Stund*) Schule gemacht und Pate gestanden bei zahlreichen Liebesduett-Kitschproduktionen der nachrückenden Komponisten-Generationen. Ein weiteres «wesentliches Bedenken» hegt Hanslick gegenüber der «opernhaft tragischen Wendung am Schlusse des zweiten Aktes ... Das zweite Finale würde nämlich ohne jene eingesprengte Tragik in einem fröhlichen Zug dahinrauschen, und wir könnten den reizenden Schlußwalzer, wie es sich gehört, ohne moralischen Zwiespalt genießen.»[280]

So voll Fröh - lich - keit gibt es weit und breit —
— kei - ne Stadt wie die Wie - ner - stadt

Strauß reagierte in seiner Weise: er präsentierte im November 1885 zur 25. Aufführung in Wien ein neues zweites Finale mit dem Rákóczi-Marsch – die nach Berlioz und Liszt dritte berühmte Verarbeitung des ungarischen National-Marsches. Leider war damit die von Hanslick beanstandete «schielende Wendung» weder textlich noch musikalisch getilgt. Mit dem *Zigeunerbaron* begann das «tragische Verhängnis» über das Genre der Operette hereinzubrechen. Wir beobachten seitdem die Tatsache, «daß die Operette mehr und mehr sich selber ernst nimmt und statt ungebundener Heiterkeit ‹dramatische Echtheit›, trotz Tanznummer, Komiker-Unsinn und Talmiglanz ‹Lebenswahrheit› zu bieten vorgibt» [281].

Jeany und Adele: Deutsche Reichsbürger

Elf Tage nach der Uraufführung des *Zigeunerbaron* leitete Strauß den wohl spektakulärsten Schritt seines Lebens ein: er beantragte bei der Statthalterei den «unbedingten Austritt aus dem österreichischen Staatsverbande ... zum Zwecke der Erwerbung des sächsischen Staatsbürgerrechtes»[282]. Über einen Monat brauchten die Entscheidungs-Gremien, sich mit diesem unerhörten Ansinnen abzufinden. War nicht ein «Anstand» an der «Funktion des Bittstellers im allerhöchsten Hofdienste»[283] zu nehmen? Am 8. Dezember 1885 wurde jedoch das Ausscheiden dekretiert. Noch anderthalb Jahre sollte es dauern, bis Strauß alle Probleme gelöst hatte und die «wilde Ehe» mit Adele beenden konnte. Im katholisch strengen Wien galt die staatlich getrennte Ehe mit Lily dennoch bis zum Tode eines der früheren Partner fort. Nur die strategische Kombination Ausland/Religionswechsel verhieß Hoffnung. Schon im April 1883 war Adele, durch einen schlau eingefädelten Rentenschenkungs-Vertrag an Jean gebunden, in Wien zum evangelischen Glauben übergetreten. Jeany folgte am 6. Juli 1886, nachdem weitere Schwierigkeiten beseitigt waren. Als nämlich am 15. Oktober 1884 Bürgermeister Eduard Uhl im «Igelheim» erschienen war, um ihm «aus Anlaß seines 40jährigen Dirigentenjubiläums und in Würdigung seines künstlerischen und humanitären Wirkens»[284] das Bürgerrecht der Stadt Wien taxfrei zu verleihen, da mußte Strauß erst einmal überprüfen lassen, wie die Steuerfreiheit für seine sechs Häuser zu realisieren sei und ob ein Austritt aus dem Staatsverband seinem Besitztum schaden könne.

Über Erzherzog Johann tritt Strauß im Mai 1886 an den Herzog Ernst II. von Sachsen-Coburg-Gotha heran. Dieser war selber Komponist von Opern («Santa Chiara») und Operetten und befürwortete die Einbürgerung. Das deutsche Reichsbürgerrecht erwarb dann Strauß mit dem Antrag, sich *für die Zukunft in der freundlichen Stadt Coburg unter der Regierung des kunstsinnigen Herzogs Ernst niederzulassen, von hier aus meine Kunstreisen in die größeren Städte des In- und Auslandes zu unternehmen und von Zeit zu Zeit zum Zwecke musikalischer Compositionen sowie zu meiner Erholung hierher zurückzukehren*[285]. Strauß logierte zunächst im Hotel «Weißer Schwan» (Spitalgasse 19), wohnte dann in der Villa Bruns (Pilgramsroth 1) und zuletzt in der Alexandrinenstraße 13. Auch die un-

Nach Lily tröstete sich Strauß mit der vierundzwanzigjährigen Witwe Adele Deutsch

garische Staatsbürgerin Adele nahm Wohnung in Coburg. Nachdem die kirchliche Trennung von Lily ausgesprochen war und Adele und Jean die Vermögens- und Güter-Trennung ehevertraglich geregelt hatten, konnte am 15. August 1887 geheiratet werden. Die standesamtliche Trauung nahm der Coburger Oberbürgermeister Rudolph Muther selbst vor, während die kirchliche durch den Hofprediger Dr. Johannes Georg Hansen in der Herzoglichen Hofkirche zu Coburg erfolgte. *Was thut man nicht alles für ein Weib!*[286] Strauß mußte erst zum «Weltbürger» werden, um seine

Strauß mit seiner dritten Frau Adele

Adele heiraten zu können. Eine beinahe fünfjährige Odyssee war nun zu Ende gegangen.

Bekanntlich ging Strauß nur selten in Konzerte und Theaterveranstaltungen. Gern besuchte er jedoch Vorstadt-Lokale, um zum Beispiel die Schrammel-Kapelle zu hören oder sich von einem jodelnden Fiaker als «musikalischen Kollegen»[287] begrüßen zu lassen. *Si san der große Meister*, sagte Strauß zu Anton Bruckner, *i bin nur a Vorstadt-Komponist.*[288] Der Wiener Erstaufführung von Bruckners Siebter Symphonie unter der Leitung von Tarock-Partner Hans Richter hatte Strauß am 21. März 1886 im

Musikvereinssaal beigewohnt. Er telegrafierte an Bruckner: *Bin ganz erschüttert, es war einer der größten Eindrücke meines Lebens.*[289] Im April reiste Strauß mit Adele nach Hamburg und Berlin, wo er je drei Aufführungen des *Zigeunerbaron* dirigierte. Weiter ging es – zum letztenmal – nach Rußland. Zehn Konzerte dirigierte Strauß auf Einladung der Petersburger Damen vom Roten Kreuz in der kaiserlichen Manège. Vom schlauen Impresario Mauries ließ sich der tierliebende Strauß durch das Geschenk zweier herrlicher Rappen noch zur Leitung zweier Konzerte in Moskau überreden. Den Abschluß der Rußland-Tournee bildete ein Monstre-Konzert in der für Strauß so schicksalhaften Vauxhall zu Pawlowsk. Viele alte Bekannte bereiteten ihm einen überschwenglichen Empfang. Für Zar Alexander III. schrieb Strauß den *Russischen Marsch* op. 426, für seinen Herzensschatz den *Adelen-Walzer* op. 424.

Nach dem Erfolg des *Zigeunerbaron* konnte sich Strauß vor dem Hagel von Textbuch-Angeboten nur noch durch gedruckte Absage-Formulare retten: *Das mir gütigst zugedachte Manuscript bedaure ich, als für meine Zwecke nicht geeignet, anbei mit dem höflichsten Danke zurücksenden zu müssen...*[290] Mit Schnitzer bastelte Strauß im Sommer 1886 an dem neuen Projekt «Schelm von Bergen». Girardi hatte seine Einwilligung gegeben, Strauß stand in Schönau schon vor dem ersten Finale – da wurde die Verwandtschaft des Stoffes mit Sullivans und Gilberts Operette «Der Mikado» bekannt. Strauß ließ das Projekt so schnell fallen, daß darüber die Freundschaft mit Ignatz Schnitzer zerbrach. Vom Verleger Cranz erfuhr Strauß, daß der junge Victor Léon (der später so erfolgreiche Lehár-Librettist) für Alfred Zamara den *Simplicius* vorbereitet habe. Der Komponist Zamara wurde abgefunden, und Strauß erhielt das Libretto. Seit Victor Neßlers Opern-Erfolg «Der Trompeter von Säckingen» hatte Strauß nach einem historischen Stoff gesucht. Grimmelshausens Roman-Figur des Naiven aus dem Dreißigjährigen Krieg sagte ihm sehr zu: *Ich bin ganz verliebt in den Stoff.*[291] Zu den Berliner Strauß-Festwochen (April bis Juni 1887) ließ sich diesmal der Meister nicht an die Spree locken. Neben der Arbeit am *Simplicius* war die Gesamtausgabe der Werke seines Vaters (Klavier-Ausgabe) beim Leipziger Verlag Breitkopf & Härtel zu redigieren. Am 17. Dezember 1887 kam der *Simplicius* am Theater an der Wien heraus – mit Alexander Girardi in der Hauptrolle, mit dem Krakauer Tenor Josef Josephi als Einsiedler und Ottilie Collin als Tochter der Marketenderin. Um es vorwegzunehmen: der *Simplicius* wurde der größte Operetten-Reinfall von Strauß. Der Meister stoppte sofort die Auslieferung des Noten-Materials, ließ das Voraus-Honorar des St. Petersburger Theaters zurückzahlen, lehnte das geplante Dirigat in München ab und leitete auch keine eigene Operetten-Premiere mehr. Zunächst wollte er das Werk umarbeiten. Doch erkannte er bald: *Simplicius übern Wasser zu halte, leider nicht möglich.*[292] Zeitpunkt (1644 und 1646), Örtlichkeit (Sudeten und Hessen) und Wiener Musik wollten diesmal gar nicht zusammenstimmen. Und doch gelangte gerade die anachronistische Walzer-Romanze des Einsiedlers (*Ich denke gern zurück*), die am Anfang der Walzer-Folge *Donauweibchen* op. 427 steht, zu außerordentlicher Beliebtheit, so daß schon «am Tage nach der Erstaufführung der große Walzer in allen Wiener Musikalienhandlungen ausverkauft»[293] war.

Zur Ablenkung vertreibt sich Strauß die Zeit mit der Komposition von Tanzmusiken. Zu einem privaten Faschingsfest 1888 im «Igelheim» steuert Strauß die Schnellpolka *Auf zum Tanze!* op. 436 bei. Zum Abschluß des Jahres 1888 dirigiert er am 2. Dezember im Musikvereinssaal den Walzer *Kaiser-Jubiläum* op. 434 – zum vierzigjährigen Jubiläum Kaiser Franz Josephs. Dieser Walzer wird häufig verwechselt mit dem *Kaiser-Walzer* op. 437, den Strauß aber erst während der Franzensbader Kur im Juli/August 1889 komponiert und im Oktober im neuerbauten Berliner Etablissement «Königsbau» uraufgeführt hat. Der *Kaiser-Walzer* kam beim Berliner Verleger Fritz Simrock heraus, mit dem Strauß einen Drei-Jahres-Vertrag abgeschlossen hatte. «Jetzt erscheint eben alles, was halbwegs ‹geht›, bei Simrock: Brahms, Bruch, Strauß – da wird sich Cranz ärgern.»[294] Gerade dieser breit ausladende Walzer hat eine bis heute anhaltende Faszination ausgeübt. Bei aller Kunstfertigkeit (jeder der vier Teile hat eine eigene Form) wirken die dynamischen Gegensätze und die klassisch zu nennende Instrumentation nicht weniger auf den Hörer als die programmatischen Assoziationen etwa der Introduktion, die eine heran- und wieder wegmarschierende «Bande» mit nachklingendem Gefühls-Ausbruch in Harfe und Violoncello charakterisiert. Nach Erich Schenk symbolisieren die späten Walzer von Strauß «den Sieg des absolut Melodischen über den Rhythmuszwang des Tanzes»[295]. Weit geschwungene Bögen finden wir auch beim vierteiligen Walzer *Groß-Wien* op. 440, der am 10. Mai 1891 in der Sängerhalle des Praters in einem «Monstre-Concert sämmtlicher Regimentscapellen der Wiener Garnison» zur Uraufführung kam. Strauß dirigierte ihn vor rund 500 Militär-Musikern. Im weiteren Programm wirkten Franz Lehár, Carl Michael Ziehrer, Carl Komzák und Alfons Czibulka mit – Werke von Händel, Beethoven und Wagner dirigierend. Ähnlich wie in *Neu-Wien* op. 342 (1870) registriert der Titel *Groß-Wien* die Entwicklung der Geburtsstadt Jeans zur Weltstadt. Per Gesetz vom Dezember 1890 war die Einverleibung der Vororte verordnet worden. So entstand Groß-Wien mit 19 (seit 1904 mit 21) Bezirken. Ein ungeheurer wirtschaftlicher Aufschwung verwandelt Wien abermals: mit dem Bau der Stadtbahn wird begonnen, neue Museen und Theater werden eröffnet. Strauß geht mit der Zeit: der einstige Komponist von *Hofball-Tänzen* (1865) schreibt nun *Rathaus-Ball-Tänze* op. 438 (1890) und widmet sie *seiner lieben Vaterstadt Wien*.

«Ritter Pásmán» –
Oder der Griff nach den Sternen

Im Sommer 1888 besuchen Strauß und Adele die Bayreuther Festspiele, um den «Parsifal» zu hören. Anschließend kuren sie in Franzensbad: *Adele hat bereits 18 Bäder. / Jeany hat 22 Bäder. / . . . Leben noch immer glücklich und gemüthlich zusammen.* Aber richtig ausspannen kann Strauß nicht: *Instrumentiert, überhaupt gearbeitet wird pyramidal, trotz Wassersaufen und Baden. / Mit Jauner stets in Correspondence. / . . . Benötige die Librettisten wie einen Bissen Brot.*[296] Strauß hatte es sich in den Kopf gesetzt, eine Oper zu komponieren. Sollte nicht der *Carneval in Rom* einst übernommen, der *Zigeunerbaron* gar an der Hofoper uraufgeführt werden? Im *Simplicius* hatte er den Wagnerschen Rezitativ-Stil zumindest im ersten Akt durchhalten können . . .

Max Kalbeck bestärkt den Meister in seinen Opern-Plänen und steuert selber einen «Viola»-Entwurf bei. Aber Strauß entscheidet sich abermals fürs ungarische Milieu – für den *Ritter Pásmán* von Ludwig Dóczi (nach einer Ballade von János Arany). Die Wiener Hofoper verpflichtet sich zur Uraufführung unter der Bedingung, daß das Libretto «durchkomponiert» wird. Die Handlung der Oper führt uns ins mittelalterliche Ungarn zurück, wo sich der junge König der Gattin seines Vasallen Pásmán nähert und sie im Dunkeln küßt. Pásmán erfährt davon durch seinen Knappen und verklagt den König. Auf dem Richterstuhl fällt der Hofnarr Rodomonte das Urteil: Pásmán dürfe ebenso die Königin küssen. Dies geschieht sogleich; der König droht mit Kerker, doch die Königin ergreift Partei für Pásmán und küßt ihn ihrerseits. Später hat Strauß eingesehen: *. . . wegen des bisserl unschuldigen Bußerls so viel Skandal zu schlagen, paßt heute der corrumpierten Gesellschaft nicht. Heute wäre es dem Publikum sympathischer gewesen – der König hätte die ehrbare Rittersfrau verführt.*[297] Dóczis Dramaturgie konnte nicht überzeugen, wenn er auch schöne Verse schrieb. Diese verleiten Strauß immer wieder zu Ausflügen ins Reich der Operette. *Plötzlich, während ich an einer hochdramatischen Szene arbeite, fährt mir wie ein Blitz durch den Schädel ein Hauer von einem Walzer . . . Als er entstanden, fluchte ich und dachte: Saukerl, Dich kann ich jetzt nicht brauchen, – verschwind –.*[298]

Zwischen gewohnter Schaffenslaune und Anflügen von Depressionen hin- und hergeworfen (*So viel Plage, so viele falsche Reize bei der Themen-*

Franz von Reichenberg als Ritter Pásmán

erfindung, die sich ja immer strafen …[299]), kann Strauß nach ungewohnt langer Zeit die Partitur vollenden. Am Neujahrstag 1892 kommt der *Ritter Pásmán* in der Wiener Hofoper unter der Leitung von Johann Nepomuk Fuchs zur Uraufführung. Die Titelrolle singt der Wagner-Bassist Franz von Reichenberg. Die Kritiker bescheinigen der Novität «eine überaus günstige Aufnahme». Der Beifall habe sich auf drei Höhepunkte bezogen – auf die Trinklieder im ersten, auf Evas träumerische Walzer-Ariette *O gold'ne Frucht am Lebensbaum* im zweiten und auf die Ballettmusik im dritten Akt.

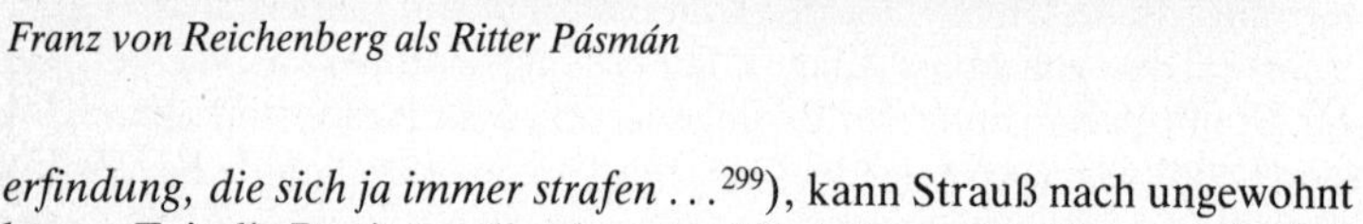

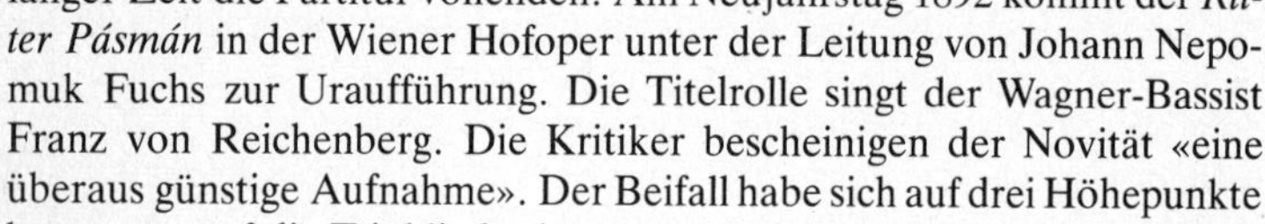

Das schmeichelhafteste Kompliment bezog sich auf den Ariosostil mit häufigem Taktwechsel, der zuweilen an den Dialog in Wagners «Meistersinger» erinnere.[300]

Über die neun Aufführungen der Wiener Hofoper urteilte Strauß: *Gut, – ja vorzüglich war das Orchester ... Aber innerlich zufrieden war ich mit der Aufführung deßhalb nicht, weil man glaubte, bei einer Oper von Strauß giebt es kein langsam gehaltenes Tempo, der ewige Fehler der Dirigenten, sei es dort oder da!*[301] Erst durch die vier Prager Aufführungen im April 1892 fühlt sich Strauß endlich *zufrieden gestellt*[302]. Angelo Neumann führt Regie, Dr. Karl Muck dirigiert. *Summa summarum bin ich auch mit dem Berliner Ergebnis nicht unzufrieden, weniger vielleicht der Verleger. Der kleinste Erfolg einer Oper von mir steht in meinen Augen höher als viele andere.*[303] Für den einstigen Tanzgeiger Strauß war der *Ritter Pásmán* zweifellos die größte Leistung seines Lebens. *Ich will mit ihm kein Vermögen anstreben – habe ich ihn doch nur geschrieben, um zu beweisen, daß man mehr kann als Tanzmusik schreiben.*[304]

Vom *Ritter Pásmán* überlebte vor allem die Ballettmusik aus dem dritten Akt. Sie wird noch heute gern gespielt. Zu seiner Zeit bedrängten ihn Freunde, unter anderen Hanslick, ein abendfüllendes Ballett zu komponieren. Die Fürstin Pauline von Metternich bestellte gar eine Ballettmusik zur «Donaunixe». Doch Strauß kündigte der Fürstin die Freundschaft – sie hatte den zur Eröffnung der Wiener Theater- und Musikausstellung 1892 komponierten Walzer *Seid umschlungen, Millionen* op. 443 (er ist Johannes Brahms gewidmet) ohne Billigung des Komponisten bei einem ihrer Feste voraufgeführt. Abschlägig beschieden wurde auch Paul Lindau, der ein reizendes Ballett-Sujet vorgelegt hatte: *Ich wende mich – der Dringlichkeitsanträge meiner Geschäftsverbündeten wegen – wieder der Operette zu, die auch weniger Notenschmiererei bedarf als ein Ballett.*[305]

Die vier Altersoperetten

Im Mai 1892 sucht Frau von Schönerer, Direktorin des Theaters an der Wien, Strauß in Schönau auf. Ein neues Projekt wird besprochen, für das sich sogleich der Altverleger Alwin Cranz interessiert. Das pauschale Einverständnis von Strauß genügt, um die als geistvoll geltenden Librettisten Julius Bauer und Hugo Wittmann, beides bewährte Millöcker-Texter, zu inspirieren: in wenigen Wochen zimmern sie den Text zur Kabarett- und Chanson-Operette *Fürstin Ninetta* zusammen. *Ich schmiere schon wieder in der Operette herum, aber ich kann es nicht leugnen, es kommt mir schwer an, mich wieder an die gemeine Dudelei gewöhnen zu können . . . – Inspirationslos schreib ich an diesem Werk – es wird ein wahrer Schund werden; kannst Du dich darauf verlassen. Ich werd's noch dahin bringen daß die Leut sagen –: «er soll lieber Opern schreiben» Dies wäre ein Triumpf!!*[306] Strauß irrte sich zu seinem Vorteil: die neue Operette wurde einer der größten Erfolge des alternden Meisters. Sie wurde zum Vorläufer jener neuen kabarettistischen Richtung, die über Leo Falls «Madame Pompadour» bis zu den Arbeiten von Ralph Benatzky führen sollte. Als am 10. Januar 1893 die Uraufführung unter der Leitung von Adolf Müller jun. am Theater an der Wien stattfand, war auch Kaiser Franz Joseph anwesend. Er vergnügte sich köstlich und erfreute Strauß mit dem Kompliment: «Überhaupt scheint Ihre Musik ebenso wenig zu altern, wie Sie selbst . . .»[307]

Endlich war – nach fünf Jahren – wieder eine Girardi-Rolle vorgesehen. Schauplatz ist Sorrent. Girardi spielt den Cassim Pascha, einen ägyptischen Finanzminister, der eigentlich ein Russe ist. In der Titelheldin (Ilka von Palmay) findet er eine Verwandte wieder, die alle Männer und – in Männerkleidern – alle Frauen verrückt macht. Das Handlungs-Rückgrat bilden die wechselnden Konstellationen zweier Ehegeschichten. Im übrigen wird die gastspielfreudige Duse imitiert, der italienische Kunstreise-Fimmel bloßgelegt, der «Girardi-Hut» kreiert (später durch Maurice Chevalier weltberühmt geworden), Strauß selber in einem Drehorgel-Finale zitiert und Sigmund Freuds neue Behandlungsmethode auf Polka-Rhythmus gebracht: *S'ist wirklich intressant / sich im Schlafe zu verwandeln; fehlt Geist, Genie, Verstand / laß hypnotisch dich behandeln . . .*

Die Musikkritiker lobten die Librettisten ebenso wie den Komponi-

Kaiser Franz Joseph.
Foto von C. Pietzner

sten, der «lebensvolle und belebende Musik» [308] geschrieben habe. Musikalisch am reichhaltigsten ist, wie fast immer bei Strauß, der zweite Akt. Da diesmal aber auch der dritte Akt noch viele reizvolle Nummern enthält – so die *Neue Pizzicato-Polka* (op. 449) oder die Chor-Tarantella *Süß melodisch fortgezogen* –, dürfte verständlich sein, warum die *Ninetta* vierundsiebzigmal en suite gespielt werden konnte – länger als der zwei Jahre zuvor uraufgeführte «Vogelhändler» von Carl Zeller oder das ein Jahr zuvor gegebene «Sonntagskind» von Millöcker. Während die *Ninetta* auf zahlreichen österreichischen Bühnen nachgespielt wurde, verstand man in Deutschland die lokalen Anspielungen kaum. Nur das deutsche königliche Landestheater Prag nutzte die Gunst der Stunde und bot im Anschluß an die *Ninetta*-Premiere einen ganzen Strauß-Zyklus. Im Juni 1893 ließ Angelo Neumann sämtliche Bühnenwerke von Strauß vorführen.

Strauß verkaufte seine Schönauer Villa, nachdem er in Ischl-Kaltenbach die Villa Erdödy als neuen Sommersitz für 27 140 Gulden erworben hatte. Das war das Dreifache dessen, was Strauß seinerzeit jährlich ver-

147

diente. Auf Anraten seines Arztes Hofrat Dr. Leopold Oser benutzte Strauß die Bad Ischler Kurmittel. Die linke Achsel schmerzte, außerdem litt er an Gicht und Influenza. *Cranz ließ ich mit der langen Nase abziehen. Ziehrer hat den Millionär Cranz zu seinem Verleger – und ich den armen Lewy ... Aber das macht alles nichts!!! Nur den Humor nicht verlieren, gehts wie's immer geht – –*[309] Der treue Jugendfreund und Theater-Manager Gustav Lewy heuerte den aus Preßburg stammenden Militär-Schriftsteller Gustav Davis (eigentlich: David) an, der gerade am Burgtheater mit «Das Heiratsnest» großen Erfolg hatte. Nicht minder erfolgreich war der Breslauer Max Kalbeck mit der deutschen Übersetzung zu Smetanas «Die verkaufte Braut» am Theater an der Wien. Lewy führte beide zusammen und ließ den *Jabuka*-Entwurf Davis' durch Kalbeck überarbeiten. Diesem schrieb Strauß im Juli 1893 aus Ischl: *Danke Dir für reichhaltige Sendung ... Ein Schlager soll daraus gemacht werden ... Deine baldige Ankunft von großer Wichtigkeit. Dir alles schriftlich auseinanderzusetzen, unmöglich. Der Komponist müßte eigentlich mit dem Librettisten in Einem Bett schlafen, um selbst in der Nacht ihn zur Seite zu haben.*[310]

Kopfneuralgie und Lungenkatarrh führten zu unliebsamen Unterbrechungen. Zum Glück hatte Zellers «Obersteiger» so guten Erfolg, daß die Premiere der *Jabuka* verlegt werden konnte. Strauß schob Anfang 1894 kleinere Arbeiten ein: den *Fest-Marsch* op. 452 für Ferdinand I. von Bulgarien, der aus der Sachsen-Coburger Linie stammte, und den Walzer *Hochzeitsreigen* op. 453 zur Vermählung Ferdinands mit Marie Louise von Bourbon-Parma. Den Walzer *Ein Gstanzl vom Tanzl* (Text: Ludwig Dóczi, der *Pásmán*-Librettist) schrieb Strauß zum neunzehnten Geburtstag seiner Stieftochter Alice und für deren Hausball am 23. Januar 1894. Außerdem komponierte er die *Musikalische Illustration zu Defreggers Gemälde, Auf dem Tanzboden* op. 454, deren Introduktion er seinem Bruder Eduard zu ergänzen auftrug.

Strauß klammerte sich zunehmend an Girardis Joschko-Darstellung. *Immer bat ich beide Librettisten – gebt nur dem Joschko – wo nur möglich Gelegenheit – sich hervorzutun ...*[311] «Immer von neuem fand er [Strauß] Lücken im musikalischen Bau der ersten Akte und brachte womöglich jede Woche einen andern reizenden melodischen Einfall, der mit Text versehen und an irgend einer schwach befestigten Stelle hineingestopft wurde.»[312] Kalbeck zog sich im Sommer 1894 von der Arbeit zurück und überließ Davis die letzten Änderungen. Das Resultat: obwohl die Handlung durch unnötige Hindernisse immer wieder ins Stocken gerät, enthält *Jabuka* wunderbare Musiknummern wie das Duett Nr. 7 *Um Gnade wird er betteln müssen* oder den E-moll-Walzer im zweiten Finale, der in einen Csárdás übergeht:

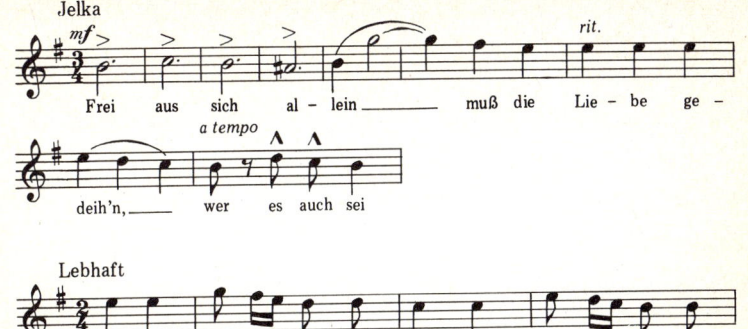

Jelka
mf
rit.
Frei aus sich al - lein muß die Lie - be ge -
a tempo
deih'n, wer es auch sei

Lebhaft
Wer mich will ge - win - nen muß zu - erst da drin - nen,
mf
fein be - schei - den fra - gen

Gustav Lewy. Karikatur von Johann Strauß

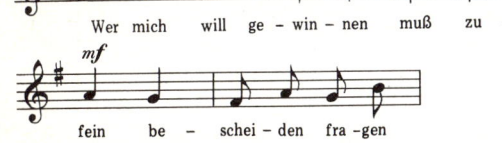

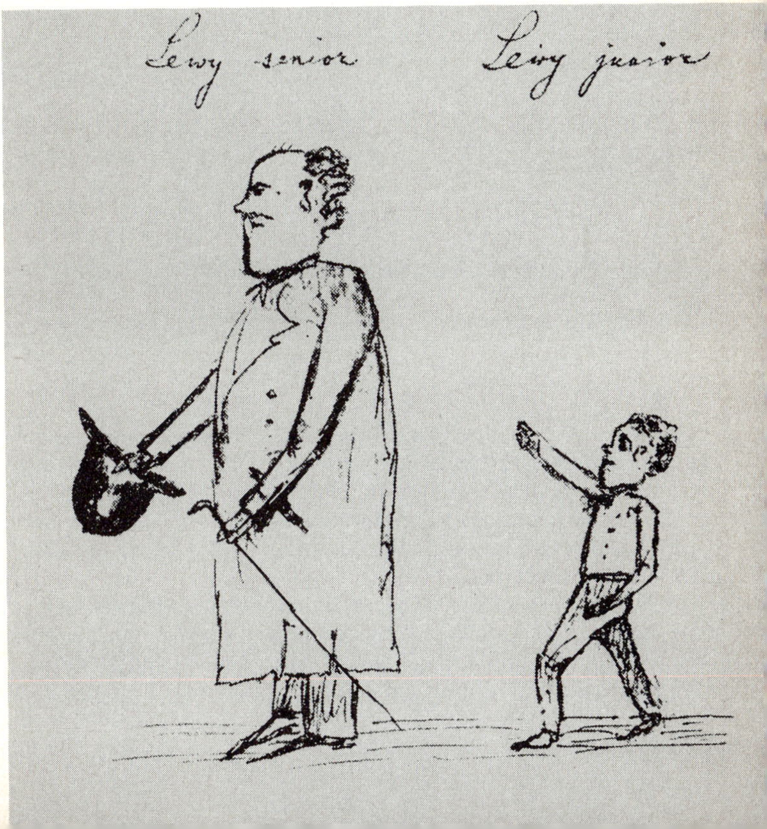

Lewy senior
Lewy junior

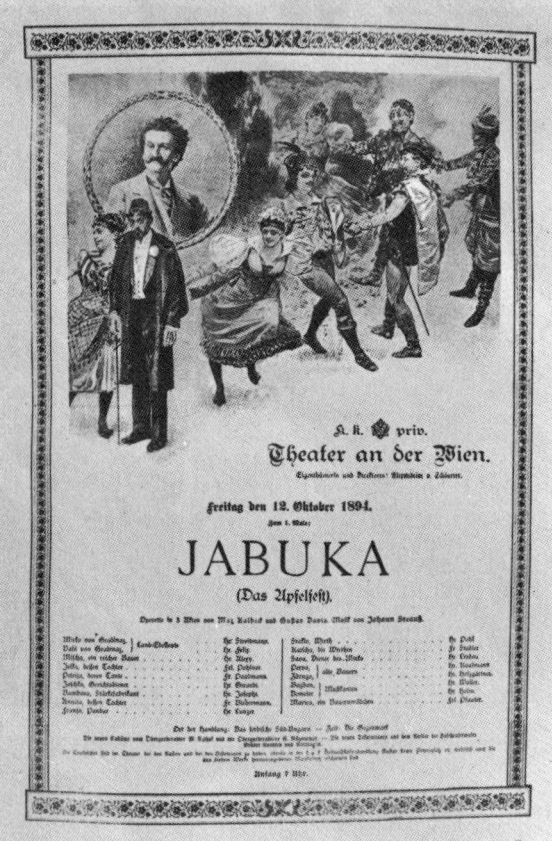

Theaterzettel der ersten Aufführung von „Jabuka".

Volkstümliche Melodien im serbischen Milieu Südungarns wechseln ab mit opernhaften Rezitativen und anspruchsvollen Ensemble-Sätzen. Brahms besuchte gemeinsam mit Hanslick und Heuberger am 11. Oktober 1894 die Generalprobe: «Das prachtvolle Orchester! Nur an der Fortführung mancher Melodie merkt man das Alter ... Die gefühlvollen Stellen sind leider jämmerlich.»[312]

Die *Jabuka*, die zum Vorbild aller weiteren Balkan-Operetten werden sollte, wurde zum Auftakt des fünfzigjährigen Künstler-Jubiläums im Theater an der Wien gegeben. Dank Girardi, Jenny Pohlner und Karl Streitmann erzielte Strauß mit der *Jabuka* 57 Aufführungen in einem Jahr

– mehr als Smetanas «Verkaufte Braut» (45). Alle Wiener Theater- und Festsaal-Besitzer ehrten Strauß. Das Carl-Theater brachte das Erinnerungsstück «Sein erster Walzer». Berlin folgte mit dem Festspiel «Meister Strauß». Und in Prag trat der Operndirigent gar in der Strauß-Maske auf. Zahlreiche Deputationen, Freunde und Neugierige gratulierten Strauß persönlich im «Igelheim». Aus buchstäblich aller Welt kamen Briefe, Telegramme, Dankadressen mit vielen Unterschriften, Geschenken und Blumengewinden. Selbst die hawaiische Kapelle in Honolulu gratulierte mit Foto. Aus den USA traf ein Kranz mit 50 silbernen Lorbeer-Blättern ein. Am Jubiläumstag selbst, am 15. Oktober 1894, hörten die Festbankett-Besucher im Wiener «Grand Hotel» den Meister reden: ... *die Auszeichnungen, die mir zuteil werden, verdanke ich meinen Vorgängern, meinem Vater und Joseph Lanner. Sie haben mir angedeutet, auf welche Weise ein Fortschritt zu erreichen ist, es war nur möglich durch Erweiterung der Form. Das war mein Verdienst, mein schwaches Verdienst.*[313]

Noch ehe die *Jabuka* uraufgeführt war, hatte Strauß bereits die Arbeit an einer neuen Operette aufgenommen. *Die erste Scene des Waldmeisters nicht nur concipirt – sondern theilweise auch instrumentirt ... Der Anfang der Operette Waldmeister ist so stimmungsvoll – höchst reizend, daß ich nicht ablassen konnte daran zu arbeiten. Jabuka ist längst meinem Interesse entschwunden. Adieu Geliebte! Nun zu einer Andern!!! So war es immer! Die Moral: Lieben, auch nolens, volens lieben lassen – aber mit Resignation lieber Alles sinken lassen, nur nicht den Hamur!*[314] Auf diese zweideutig-eindeutige Art pflegte Strauß nur mit seinem Privatsekretär Priester zu reden. *Versteifungen im heikelsten Glied des menschlichen Körpers* kämen *leider nicht* mehr vor; statt dessen würden sie seine rechte Hand gichtartig heimsuchen, die er doch täglich brauche.[315] Als die *Fledermaus* am 28. Oktober 1894 endlich auch in die Wiener Hofoper einzog, mußte sich Strauß beim Dirigat durch Johann Nepomuk Fuchs vertreten lassen. Dagegen dirigierte er am 6. Januar 1895 im Musikvereinsgebäude den wenig inspirierten *Gartenlaube-Walzer* op. 461 (er ist Ernst Keil, dem Herausgeber der «Gartenlaube», gewidmet und wurde dort auch veröffentlicht). Zwei Tage später wohnte Strauß an gleicher Stelle – neben Goldmark, Brüll, Kalbeck und Heuberger – der Generalprobe von zwei Klarinetten-Sonaten seines Freundes Johannes Brahms bei. Im übrigen ließ sich Strauß nur noch selten von seiner Arbeit ablenken. Mit Adele reiste er im Mai 1895 nach München, um sich auf Einladung von Franz von Lenbach in dessen Atelier malen zu lassen.

Die Proben zum *Waldmeister* werden überschattet von Girardis Ehekrise. Zum letztenmal tritt dieser Darsteller in einer Strauß-Operette auf – und zwar in der Rolle des sächsisch sprechenden Botanik-Professors Erasmus Müller. Davis hat die Handlung in eine sächsische Provinzstadt verlegt, wo Amtsstube und Forstmilieu mit der künstlerischen Welt der Dresdener Opern-Sängerin Pauline konfrontiert werden. Chöre (Forst-

Johannes Brahms, zu Gast bei Strauß in Ischl, 1894. Foto von R. Krziwanek

Eleven, Müller, Sängerinnen der Oper), Ensemble-Sätze, Duette, Couplets und Lieder hat Strauß wie in seinen besten Tagen komponiert, darunter vor allem den Walzer *Trau, schau, wem* im Finale II und III:

Trau', schau', wem? Freund-chen, sei auf der Hut!

Die Waldhorn-Romantik des ersten Akts steht im bewußten Gegensatz zur modernen Welt, sei es in Form eines *Lawn-Tennis-Chors* zu Beginn des zweiten Akts (Tarantella) oder als Kanon über den verführerischen Reiz von Dekolletés (Nr. 9). Brahms lobte die «praktischen, knappen Verse» von Davis: «... die möchte ich gleich komponieren! – und das Orchester! Wie herrlich Strauß orchestriert! Die Musik selbst hätte er ja früher besser gemacht, aber das Ganze! Das Stück!»[316] Tatsächlich gilt der *Waldmeister* als die repräsentative Alters-Operette von Strauß, die am Ende jener Wiener Operetten-Ära steht, die man später die «Goldene» genannt hat. (Den absoluten Schlußpunkt setzte zwei Jahre später Richard Heuberger mit dem «Opernball».) Trotz des enormen personellen Aufwands (27 Darsteller) konnte der *Waldmeister*, vom neuen Verleger Bote & Bock (Berlin) ediert, auch ins Ausland dringen. In Berlin wurde er sogar häufiger gegeben als in Wien. Kein Wunder, denn mit dem *Waldmeister* hatte der siebzigjährige «Sachse» Strauß sich auch künstlerisch jener Provinz angenommen, der er seit dem 28. Januar 1887 als Staatsbürger angehörte.

Dem wiederum «beschäftigungslosen» Strauß drängten die Direktorin von Schönerer, der Verleger Emil Berté und das Librettisten-Duo A. M. Willner und Bernhard Buchbinder eine zur Zeit der Französischen Revolution spielende Handlung auf. *Es ist eine zerfahrene, schwulstige Geschichte, die eigentlich keine Musik braucht ... Bei den letzten Proben, bei welchen ich die ganze Geschichte kennenlernte, war ich ganz erschrocken. Kein redlich Fühlen, keine Wahrheit, keine Vernunft endlich! Nur Narretei!!! Die Musik paßt gar nicht zu diesem tollen kunstlosen Zeug.*[317] Strauß ließ sich wegen angeblicher «Unpäßlichkeit» entschuldigen und blieb zum erstenmal einer eigenen Premiere fern. Am 13. März 1897 kam, als letzte Strauß-Operette am Theater an der Wien, die *Göttin der Vernunft* zur

Theaterkarte

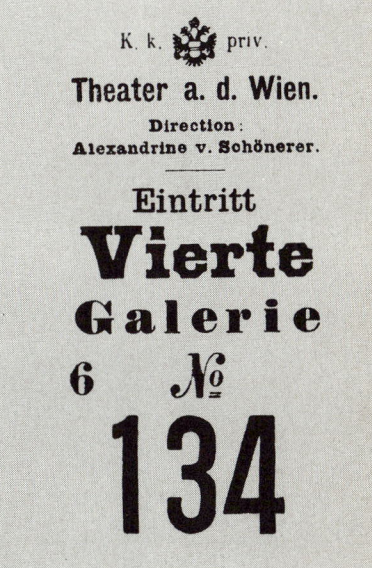

K. k. priv.

Theater a. d. Wien.

Direction:
Alexandrine v. Schönerer.

Eintritt

Vierte

Galerie

6　№

134

Uraufführung. Statt der vorgesehenen 50 Aufführungen gab es nur 36, obwohl so hervorragende Darsteller wie die junge Ungarin Julie Kopacsy-Karczag als Volkssängerin Ernestine und der Komiker Carl Blasel als Gutsbesitzer Bonhomme mitwirkten. Mehrere musikalische Zugnummern wie der Marsch *Der Schöpfung Meisterstück ist der Husar* bewogen den Budapester Schriftsteller Siegmund Salzmann (Pseudonyme: Ferdinand Stollberg, Felix Salten) zur erfolgreichen Neutextierung «Reiche Mädchen» (1909). Hierbei konnte die Musik selbst in der Nummern-Reihenfolge (mit Ausnahme des zweiten Finales) so beibehalten werden, wie sie Strauß komponiert und instrumentiert hatte. Der spätere «Bambi»-Erfinder Salzmann hat hiermit exemplarisch vorgeführt, wie Strauß-Wiederbelebungen von weniger erfolgreichen Operetten am besten zu inszenieren sind: durch Verbesserung von Handlung und Lied-Texten – bei weitestgehender Beibehaltung der originalen Musik in der originalen Instrumentation von Johann Strauß.

« ... Einmal muß geschieden sein!»

Der Sommer 1897 war wohl der erste, in dem Strauß an keinem größeren Werk arbeitete. Um so lieber traf er sich in Ischl mit Freunden; er spielte Tarock mit dem Klavier-Fabrikanten Ludwig Bösendorfer, mit Schwager Josef Simon und mit dem Schriftsteller Julius Bauer. Die Ischler hatten 1894, anläßlich des fünfzigjährigen Künstlerjubiläums, den Weg von der Ebenseer Brücke zum G'stötten-Wirt als «Johann-Strauß-Promenade» eingeweiht. Als Ende Juli 1897 das Hochwasser in Ischl großen Schaden anrichtete, bedankte sich Strauß auf seine Weise: er veranstaltete im Garten der Villa Erdödy ein *Ländliches Promenade Concert*, dessen Reinertrag von 3000 Gulden den Hochwasser-Geschädigten zur Verfügung gestellt wurde. Eine weitere Hilfsaktion war in Wien bei seinem Bruder Eduard nötig geworden. Frau und Söhne hatten das Kapital Eduards in Höhe von einer halben Million Kronen heimlich durchgebracht. Eduard, der sich bereits zur Ruhe setzen und das Strauß-Orchester auflösen wollte, mußte erneut Konzert-Reisen organisieren. Johann half seinem Bruder, unter anderem durch Mitwirkung bei dem Benefiz-Konzert am 28. November 1897 im Musikvereinssaal. Uraufgeführt wurde *An der Elbe* op. 477, der letzte von Strauß *mit dem Staberl in der Hand*[318] kreierte Walzer-Zyklus. Strauß spürt, wie die Faszination des Walzers nachläßt; denn *jede Musik braucht ihre Zeit. Das alte Wien ist nicht mehr, die Jugend von heute hat ein ganz anderes Unterhaltungsbedürfnis und auch einen anderen Tanzgeschmack als zu meiner Zeit. Wie ich noch jung war, hat mich die liebenswürdige Fröhlichkeit meiner Mitmenschen angeregt und ich schmiß die meisten meiner Walzer nur so hin ... Jetzt könnte ich das nicht mehr ...*[319]

Das letzte große Projekt, dem sich Strauß leider nur noch fragmentarisch zuwenden kann, gilt einer noch unbeglichenen Rechnung: dem abendfüllenden Ballett. Ballett-Einlagen gab es schon in seinen ersten Operetten (*Indigo, Carneval in Rom, Fledermaus*), aber auch in der Oper *Ritter Pásmán*. Dennoch war Strauß nicht zur Komposition eines abendfüllenden Balletts zu bewegen gewesen – weder durch Hanslick noch durch Kalbeck oder Paul Lindau. Rudolf Lothar aber und der Wochenschrift «Die Wage» gelingt es, den Meister für die Idee eines Libretto-Preisausschreibens zu erwärmen, zumal Direktor Gustav Mahler als Jury-

Mitglied für eine mögliche Uraufführung an der Wiener Hofoper einsteht. Prämiiert wird eine moderne *Aschenbrödel*-Version des Salzburgers A. Kollmann, die der zweiundsiebzigjährige Strauß im Sommer 1898 vertont. *Ich habe mit dem Ballet vollauf zu thun – schreibe mir die Finger wund und komme dabei nicht vom Fleck. Ich bin auf der 40. Seite (Partitur) und habe erst 2 Scenen erreicht.*[320] Die fertiggestellten Teile läßt Strauß zum Jahreswechsel 1898/99 im Wiener «Igelheim» vor geladenen Gästen von der Pianistin Toni Wolff spielen.

Der Freundeskreis wird immer kleiner. 1895 starben Franz von Suppé und Richard Genée, 1896 der Bildhauer Victor Tilgner und der «Toni» Bruckner. Brahms hatte noch der Premiere von *Göttin der Vernunft* beigewohnt – drei Wochen vor seinem Tod. Von den erfolgreichen Konkurrenten am Theater an der Wien war Carl Zeller 1898 verstorben. Immer näher treten dem Meister nun die musikalischen Ahnen. Zur Enthüllung des Raimund-Denkmals dirigiert Strauß am 31. Mai 1898 im Deutschen Volkstheater zu Wien seine letzte Novität: die *Klänge aus der Raimundzeit* op. 479 – nach Motiven von Drechsler, Kreutzer, Lanner, Wenzel Müller und Johann Strauß Vater.

Strauß absolviert sein letztes Dirigat am Pfingstmontag 1899 in der Hofoper, wo er zum fünfundzwanzigjährigen Jubiläum der *Fledermaus* noch einmal die Ouvertüre leitet. Vier Tage später gibt er Autogramme auf

Bad Ischl. Tuschzeichnung von E. J. Schindler, 1886

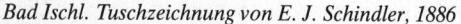

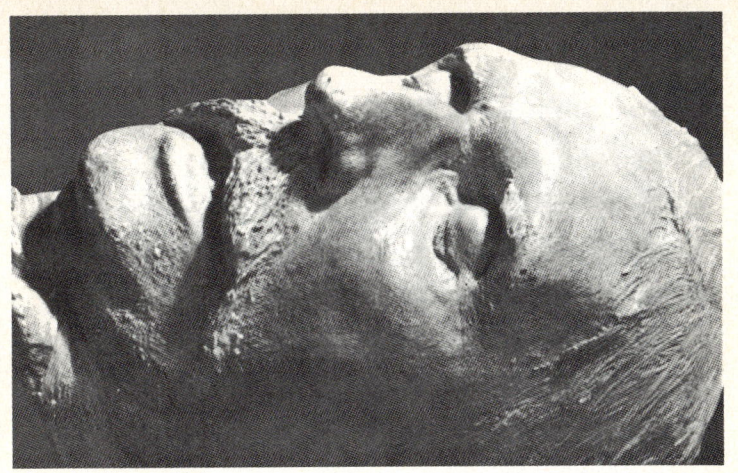

Die Totenmaske von Johann Strauß, abgenommen von Kaspar von Zumbusch

seinem Modefest in der Rotunde des Praters. Am folgenden Tag sitzt er über der Partitur von *Aschenbrödel*, muß dann aber vorzeitig zu Bett gebracht und mit heißem Tee versorgt werden, da ihn fröstelt. Fieber tritt hinzu. Professor Nothnagel bittet den Kranken, einmal ordentlich zu husten. Strauß erwidert sarkastisch: *Ist das Euere ganze Wissenschaft?*[321]

Adele hat uns einen knappen Bericht von den letzten Tagen und Stunden gegeben, worin es heißt: «Am 1. Juni rief der arme Jean im Delirium immer nach mir und meiner Tochter, die wir ja am Schmerzenslager saßen. Und da der Kranke uns redlich erkennt ... ringt sich erschütternd leise – Gesang empor! Ein altes Lied, auch mir und meinem Kinde wohlbekannt, von ihm aber hatte ich es nie vorher gehört. Jetzt löste es sich von seinen blassen Lippen, feierlich, wie geisterhaft durch den Raum schwebend: ‹Brüderlein fein – einmal muß geschieden sein!› ... Am 2. Juni verschlimmerte sich der Zustand des Kranken, am 3. früh war scheinbar Erleichterung eingetreten. Er nahm meine Hand und küßte sie zweimal nacheinander – eine letzte wortlose Zärtlichkeit. Um 4¼ Uhr nachmittags entschlief er in meinen Armen.»[322] Eine doppelseitige Lungenentzündung wurde als Todesursache festgestellt. Die Gesellschaft der Musikfreunde Wiens annoncierte: «Das Leichenbegängnis findet am Dienstag den 6. Juni d. J. um 3 Uhr Nachmittags, vom Trauerhause: IV. Igelgasse Nr. 4, aus statt. Die Einsegnung erfolgt um ½ 4 Uhr in der evangelischen Kirche Augsburger Bekenntnisses (I. Dorotheergasse 18). Die Leiche wird sodann auf den Centralfriedhof überführt und daselbst beigesetzt.»[323] Eine ungeheure Menschenmenge füllte jene Straßen, durch die der Leichenzug sich bewegte. Diese Straßen waren für den übrigen Verkehr gesperrt und mit Trauerfahnen an den Häusern geschmückt worden. Strauß ruht in einem Ehrengrab der Stadt Wien – an der Seite seines Freundes Johannes Brahms.

Nachklänge

Strauß starb als Millionär. Für seine Tanzkompositionen hatte er bei Haslinger zunächst 20 bis 50 Gulden erhalten, bei Spina 250 Gulden (soviel wie der Vater für einen Walzer-Zyklus), seit 1873 dann 300 Gulden. Wesentlich mehr wurde bei den Konzert-Sommern in Pawlowsk und auf der USA-Reise verdient. Zusammen mit den von Jetty eingebrachten Vermögenswerten konnten Immobilien erworben und die beiden Häuser in der Igelgasse gebaut werden. Zur Finanzierung der Hauskäufe in Schönau und Ischl trugen zweifellos die Operetten-Einnahmen wesentlich bei. Erst durch die gerichtlich verlangten Aufstellungen kam ans Tageslicht, welch geschickter Autorenrechts-Verwalter Strauß gewesen ist. Nicht umsonst wehrte sich Adele dagegen, die ihr vermachten Einnahmen aus den Autorenrechten schätzen und publik werden zu lassen. Strauß war mit Ausnahme des *Zigeunerbarons* (Cranz) an den verkauften Materialien (Partituren, Stimmen, Klavierauszüge) prozentual beteiligt. Außerdem erhielt er je Aufführung Anteile von den Kassen-Einnahmen, die er zumeist mit den Librettisten zu teilen hatte, während er sie für die Operetten *Der Carneval in Rom, Die Fledermaus, Cagliostro, Prinz Methusalem* und *Blindekuh* zu 100 Prozent erhielt, weil die Librettisten von Strauß abgefunden worden waren. Was ihm allein die Einnahmen an der heute tantiemefreien *Fledermaus* gebracht haben mögen, wäre leicht nachzurechnen.

Das Nachlaßvermögen zu rund 835 000 Gulden, darunter sieben Häuser, ging an die «Gesellschaft der Musikfreunde» in Wien, deren Ehrenmitglied Strauß war. Die Schwestern Anna und Therese Strauß sowie sein Portier Anton Steindl wurden mit Pensionen bzw. Legaten bedacht. Einer jedoch blieb ausdrücklich ausgeschlossen: Bruder Eduard. Die Begründung, *daß er sich in günstigen Lebensverhältnissen*[324] befinde, wurde 1897 revidiert: *Ich hoffe, daß sich die Verhältnisse meines Bruders wieder bessern werden.*[325] Es war eine – auf Dauer gesehen – kurzsichtige Entscheidung. Eduard rächte sich auf seine Weise: er ließ, nach der Auflösung der Strauß-Kapelle (sie war als Formation 1901 beinahe 75 Jahre im Familienbesitz der Sträuße), das gesamte Notenmaterial des Orchesters vernichten. Dreimal wurden im Oktober 1907 Ofen-Fabriken mit Notenpaket-Ladungen beliefert, die in Eduards Gegenwart verbrannt werden mußten. Zahlreiche Manuskripte, Bearbeitungen, Stimmen mit aufführungspraktisch wichtigen Hinweisen gingen verloren. Im Gegensatz zu dieser sinnlosen Vernichtung stürzten sich zahlreiche Autoren auf das edierte Werk von Strauß, um es für ihre Zwecke auszuschlachten. Da wurden Operetten mit neuem Text unterlegt, mehrere Operetten-Teile zu einer neuen Operette zusammengeflickt, musikalisch «überarbeitet», Walzer und andere Tänze zu Ballett-Folgen zusammengestoppelt, Melodien mit Texten versehen und als Schlager vermarktet. Selbst Erich Wolfgang Korngold, Max Reinhardt und Ernst Marischka verdienten horrende Summen mit ihren Operetten-Bearbeitungen, obwohl sie Jazz-Elemente einstreuten und die Reihenfolge der Nummern durcheinanderbrachten. Adele wehrte sich gegen Entstellungen, soweit sie es konnte. An der Schlager-Fassung «Sag' zum Abschied leise Servus» erstritt sie gerichtlich eine Mitbeteiligung. Doch mit dem Antrag, die Schutzfrist von 30 auf 50 Jahre zu erhöhen, drang die «Frau Johann Strauß» nicht früh genug durch. Die österreichische Regierung trickste mit der Entscheidung, man müsse hier parallele Rechtsverfügungen der preußischen Regierung abwarten. Ehe es soweit war, stand das vollständige Tanzmusik-Repertoire seit 1931 der freien Nutzung und Bearbeitung des «Marktes» zur Verfügung. Damit begann der Aufstieg von Johann Strauß zum bedeutendsten Rundfunk-, Film- und Schallplatten-Komponisten. Seine Musik war selbst den Machthabern des Dritten Reiches so unentbehrlich geworden, daß sie lieber seine Ahnenregister-Eintragungen fälschten (um die jüdische Herkunft zu vertuschen) als auf seine Musik zu verzichten.

Kaum ein Beispiel kann die Vermarktung Straußscher Musik besser dokumentieren als der Werdegang der Operette *Wiener Blut*. Während das Ballett *Aschenbrödel*, in der Ergänzung von Josef Bayer («Die Puppenfee») am 2. Mai 1901 in der Berliner Hofoper uraufgeführt, nur wenige Vorstellungen erlebte, geriet die Nachlaß-Zwittergeburt *Wiener Blut* zum absoluten Hit. Mehr als die Nennung einzelner Titel von Tanzmelodien und die eventuelle Reihung derselben kann Victor Léon im Frühjahr 1899 vom kranken Strauß nicht mehr erfahren haben. Alsbald wurde nach bewährter Verwechslungs-Schablone eine Sehnsucht-nach-dem-süßen-Mädi-Handlung erstellt, die nur zufällig zur Zeit des Wiener Kongresses spielt und mit ihren Witzeleien über die deutsche Kleinstaaterei recht bieder wirkt. Doch die Gesangstexte von Victor Léon und Kompagnon Leo Stein sind gut singbar. Und der Arrangeur Adolf Müller jun. hat zum Glück nur Rezitative komponiert, im übrigen aber die originalen Instrumentationen von Strauß übernommen. Man versprach sich wohl zuviel von dieser angeblichen Nachlaß-Operette des verstorbenen Meisters Johann Strauß, als sie am 25. Oktober 1899 im Carl-Theater uraufgeführt wurde. Sie blieb nur einen Monat auf dem Spielplan. Drei Monate später war Direktor Franz von Jauner pleite. An seinem Büro-Schreibtisch sitzend, erschoß er sich. Doch am 23. April 1905 nahm sich das Theater an der Wien der Operette *Wiener Blut* an. Und nun begann ihr Siegeszug rund um die Welt. 1939 lieferte Willi Forst mit der Verfilmung von *Wiener Blut* ein Musterbeispiel für die gelungene Operetten-Verfilmung schlechthin. Unvergessen sind die Hauptdarsteller: Maria Holst, Dorit Kreysler, Hedwig Bleibtreu, Willy Fritsch, Fred Liewehr, Theo Lingen, Hans Moser und Paul Henckels.

Ein schon zu Lebzeiten eingeleiteter Prozeß hat Bestand gehabt: die Wert-Erhöhung der Straußschen Musik. Seine Tanzmusik-Werke wurden zwar in Café-, Volksgarten- und Promenaden-Konzerten neben Werken von Wagner, Mendelssohn, Beethoven und anderen gespielt; man hätte sie seinerzeit aber noch nicht als «ernste Musik» eingestuft, wie das in den heutigen Schallplatten-Katalogen geschieht. Den bedeutendsten Wert-Wandel erfuhren mehrere seiner Operetten wie *Fledermaus, Carneval in Rom* und *Zigeunerbaron*, als sie in die Opernhäuser eindrangen – zuerst 1879 in Hamburg. Bezeugt er nicht auch, wie groß das Vorurteil gegenüber heiterer und tänzerischer Musik einst war? Das Genie von Johann Strauß hat jedoch den Hörern in aller Welt spontane Zugänge zur Musik erschlossen. Immer wieder beweist seine Musik, welches die unverzichtbaren Kriterien einer «guten Musik» sind: Einfallsreichtum, erlesene Harmonisierung, rhythmischer Elan, sangbare Melodik, adäquate Formgebung und faszinierende Instrumentation. Um dieser Kriterien willen war Anton Bruckner sogar bereit, das Werk von Johann Strauß höher einzustufen als das von Johannes Brahms. Brahms wiederum «konnte nicht genug den Geist und den Wohlklang der Straußschen Orchestrierung rühmen» [326]. Beider Freund Eduard Hanslick verbreitete ähnlich in einer Kritik des *Waldmeisters* die Behauptung, im Orchester von Strauß herrsche «Mozartscher Wohlklang» [327].

Ein «Nachklang» der Straußschen Existenz scheint indessen vernachlässigt worden zu sein: seine ganz persönliche Erfahrung als Künstler. Noch immer sind uns bestimmte Zeugnisse und Briefe unzugänglich. In psychologisierender Weise haben zahlreiche Romanschriftsteller versucht, diese Lücken phantasievoll auszufüllen. Selbst Adele hat es für richtig befunden, einige der von ihr herausgegebenen Briefe «pietätvoll» zu bearbeiten – ganz zu schweigen von Ignatz Schnitzer, der uns keinen an ihn gerichteten Brief unredigiert überlassen hat. Strauß war ein zuweilen recht phantasievoller Fabulierer, dessen Aussagen man nicht immer ernst nehmen kann. An seinen eklatantesten Übertreibungen aber laben sich noch heute die Strauß-Biographen. So ist es an der Zeit, ein möglichst unretuschiertes Bild von Strauß der Öffentlichkeit zu präsentieren, zumal es außer Robert Schumann kaum einen weiteren Komponisten gibt, der über den Zusammenklang von Kunst und Leben mehr zu sagen hat als Johann Strauß. Adele hat das so umschrieben: «Über den Künstler Johann Strauß ist viel geschrieben worden – den Menschen kennen nur wenige. Und doch hat dessen persönliche Wesensart vielleicht mehr als sonst auch die künstlerische bestimmt.» Zuweilen «naiv wie ein Kind, war er doch ernst und bedacht in Fragen seiner Kunst»[328]. Sein unvergleichlicher Einfallsreichtum hat uns in die Verlegenheit versetzt, mit zahlreichen Paradoxien fertig zu werden. Strauß, der nirgendwo – auch nicht in seinen Operetten – den Tanzkomponisten verleugnen konnte und damit stets auf die Zweckgebundenheit seiner Musik hindeutete, schrieb im Grunde immer «absolute Musik»[329]. Er, dem die Massen der Tänzer und Hörer zujubelten und der den Erfolg scheinbar tagtäglich zu erzwingen suchte, war «am glücklichsten in der Einsamkeit seines Studios und engster Häuslichkeit»[330]. Wenn Strauß schlechthin der «musikalische Repräsentant des Österreicherthums»[331] genannt wird, so darf man andererseits nicht seine Wirkung in der Welt verkennen. Aus dem Wiener Vorstadt-Komponisten «Schani» wurde der musikalische Weltbürger «Jean». Was Robert Schumann über den Vater gesagt hat, daß Strauß «in seiner Weise einen höchsten Ausdruck seiner Zeit»[332] bedeute, das gilt für den Sohn in potenziertem Maße. In herzig naiver – und darum vielleicht in um so treffenderer – Weise hat das einer seiner anhänglichsten Freunde einmal so formuliert: «Es wird ein Wien sein und wir werden nimmer sein – ein Strauß'scher Walzer aber wird immer sein!»[333]

Zeittafel

1825   Johann Baptist Strauß am 25. Oktober in der Wiener Vorstadt St. Ulrich (seit 1861: VII. Bezirk) geboren

1827   Bruder Josef am 22. August in Mariahilf (VI. Bezirk) geboren. Beethoven gest.

1828   Paganini in Wien: «Straußianer» und «Lannerianer». Schubert gest.

1830   Familie Strauß in der Leopoldstadt. Franz Joseph (österr. Kaiser) geb.

1832   Schani improvisiert die Walzer *Erster Gedanke* auf dem Klavier

1833   Umzug ins «Hirschenhaus». Des Vaters erste Konzert-Reise. Brahms geb.

1835   Bruder Eduard am 15. März im Hirschenhaus geboren

1837   Schani auf dem Schotten-Gymnasium. Vater konzertiert in Paris

1839   Schani wird Chorsänger bei St. Leopold

1841   Schani studiert an der kommerziellen Abteilung des Polytechnischen Instituts

1843   Schani muß vorzeitig aus dem Polytechnikum ausscheiden. Zerwürfnis des Vaters mit der Familie. Schani erhält Unterricht bei J. A. Kohlmann (Violine) und J. Drechsler (Generalbaß). Lanner gest.

1844   Erste öffentliche Aufführung eines Graduale an der Kirche am Hof. Gründung eines eigenen Orchesters. Debüt in Dommayers Kasino am 15. Oktober. *Sinngedichte* op. 1

1845   Schani wird Kapellmeister des 2. Bürgerregiments. Wettstreit mit dem Vater. Lortzing Kapellmeister am Theater an der Wien

1846   Vater Strauß wird k. k. Hofballmusik-Direktor. Schanis erste Auslandsreise nach Ungarn. *Pesther Csárdás* op. 23

1847   Versöhnung zwischen Vater und Sohn. Mendelssohn Bartholdy gest.

1848   Revolution in Wien. Schanis *Studenten-Marsch* op. 56 und die *Liguorianer-Seufzer* op. 57 werden verboten. Vaters «Radetzky-Marsch»

1849   Der Vater stirbt am 25. September. Schani vereinigt beide Orchester

1850   Konzertreise nach Breslau und Warschau

1851   *Mephistos Höllenrufe* op. 101 (Einfluß von Berlioz)

1852   Mitwirkung bei den Hofball-Musiken. *Liebes-Lieder* op. 114, *Annen-Polka* op. 117. Konzertreise nach Deutschland, Holland, Belgien

1853   Schwere Erkrankung, zur Kur in Bad Neuhaus. Josef muß die Strauß-Kapelle leiten (Debüt als Dirigent: 21. Juli im Sperl)

1854   Erste Mazurka: *La Viennoise* op. 144. Zur Kur in Bad Gastein, Abschluß des Rußland-Vertrages (Zarskoje-Selo)

1855   11. Februar *Glossen* op. 163 im Sophien-Bad-Saal, zugleich erstes Auftreten Eduards (als Harfenist). Kur in Bad Ischl

1856   Begegnung mit Liszt: *Abschieds-Rufe* op. 179. Erster russischer Sommer in

Pawlowsk. Schumann gest.

1857 *Phänomene* op. 193 (Einfluß Wagners). Wegen eines Augenübels in Berlin in Behandlung. *Tritsch-Tratsch-Polka* op. 214

1859 Vierter russischer Sommer: Schani verliebt sich in Olga Smirnitzky. *Reiseabenteuer* op. 227 (Schumanns Einfluß)

1860 *Accelerationen* op. 234. Josef dirigiert die Uraufführung der «Tristan»-Fragmente von Wagner (3. Juli Volksgarten). Mahler und Wolf geb.

1861 Erstes gemeinsames Auftreten der drei Strauß-Brüder (5. Februar Sophien-Bad-Saal). *Perpetuum mobile* op. 257. Zeichenunterricht bei Anton Hlavaček. Begegnung mit Jetty Treffz in den Salons Tedesco und Greiner. Eingemeindung der Wiener Vorstädte (Bezirke II bis IX)

1862 Erster Galopp: *Furioso-Polka* op. 260. Josef vertritt den Bruder in Pawlowsk. Am 27. August Hochzeit mit Jetty Treffz im Stephans-Dom

1863 Ernennung zum k. k. Hofballmusik-Direktor. Achter russischer Sommer gemeinsam mit Jetty. *Bauern-Polka* op. 276

1864 Walzer-Wettstreit zwischen Offenbach («Abendblätter») und Strauß (*Morgenblätter* op. 279). Richard Strauss geb. Meyerbeer gest.

1865 *Trifolien-Walzer*, von Johann, Josef und Eduard gemeinsam komponiert. Eröffnung der Ringstraße in Wien. Eduard in Pawlowsk. Uraufführung des ersten Orchesterwerks von Tschaikowsky durch Johann

1866 *Wiener Bonbons* op. 307. Österreichs Niederlage bei Königgrätz

1867 *An der schönen blauen Donau* op. 314, *Künstlerleben* op. 316. Höhepunkt des Tanzkomponisten Strauß. Dirigate bei der Pariser Weltausstellung und bei den Londoner Promenaden-Konzerten

1868 *Unter Donner und Blitz* op. 324, *G'schichten aus dem Wienerwald* op. 325

1869 *Wein, Weib und Gesang* op. 333. Elfter russischer Sommer: Johann und Josef komponieren gemeinsam die *Pizzicato-Polka*. Berlioz gest.

1870 *Neu-Wien* op. 342. Unglücksjahr der Strauß-Familie: Tod der Mutter (23. Februar), des Bruders Josef (22. Juli) und der Tante Waber (21. November). Erwerb des Hietzinger Hauses Hetzendorfer Str. 18. Oscar Straus und Franz Lehár geb.

1871 Eduard übernimmt die Musiken am Kaiser-Hof. Erste Operette am Theater an der Wien: *Indigo und die vierzig Räuber*

1872 Eduard k. k. Hofballmusik-Direktor. Begründung des Weltruhms durch Johanns Dirigate in Boston und New York. In Baden-Baden führt Strauß von Bülow und Brahms zusammen

1873 *Carneval in Rom. Wiener Blut* op. 354

1874 *Die Fledermaus*. Italienische Konzert-Tournee: *Wo die Citronen blüh'n* op. 364. Schönberg geb.

1875 *Cagliostro in Wien* (einzige in Wien spielende Operette von Strauß). Reisen nach Paris und Budapest. Ravel geb.

1876 Konzertreise nach Berlin, Hamburg, Baden-Baden

1877 *Prinz Methusalem* im Carl-Theater Wien. Dirigat der Pariser Opern-Bälle, Ritter des franz. Ordens der Ehrenlegion. Edisons Phonograph

1878 Jetty stirbt am 7. April, am 28. Mai Hochzeit mit der Breslauer Sängerin Angelika («Lily») Dittrich. Hochzeitsreise nach Wyk auf Föhr. Neues Haus Igelgasse 4. *Blindekuh* wieder am Theater an der Wien

1880 *Die Fledermaus* zum erstenmal in einem Opernhaus (Hamburg). Kauf des Sommersitzes Schönau. *Das Spitzentuch der Königin* (daraus: *Rosen aus* dem Süden op. 388). Robert Stolz geb. Offenbach gest.

1881 *Der lustige Krieg* mit Girardis *Nur für Natur* als erstem «Schlager»

1882 Lily verläßt das «Igelheim», Strauß tröstet sich mit Adele

1883 *Frühlingsstimmen* op. 410. In Berlin: *Eine Nacht in Venedig*. In Venedig stirbt Wagner

1884 Vierzigjähriges Künstler-Jubiläum, Verleihung des taxfreien Bürgerrechts der Stadt Wien

1885 Bade-Kur in Ostende. *Der Zigeunerbaron*. Strauß tritt aus dem österreichischen Staatsverband aus

1886 Bruderschaft mit Bruckner. Reise mit Adele nach Berlin, Hamburg, St. Petersburg (*Russischer Marsch* op. 426). Übertritt zum evangelischen Glauben. In New Orleans entsteht der «Jazz». Liszt gest.

1887 Strauß und Adele werden Coburger Bürger und heiraten daselbst am 15. August. Herausgabe der Werke des Vaters (bis 1889). *Simplicius*

1888 Mit Adele Besuch der Bayreuther Festspiele («Parsifal»)

1889 *Kaiser-Walzer* op. 437. Größte Tournee Eduards mit dem Strauß-Orchester durch 83 deutsche Städte

1890 *Rathausball-Tänze* op. 438. Eduard auf USA-Tournee

1891 *Groß-Wien* op. 440 zur Einverleibung der Wiener Vororte vor dem Gürtel. Kur in Heringsdorf/Ostsee

1892 *Ritter Pásmán* in der Hofoper uraufgeführt, weitere Aufführungen in Prag und Berlin. Demolierung des Geburtshauses von Strauß. Neuer Sommersitz: Bad Ischl. *Seid umschlungen, Millionen* op. 443

1893 Kaiser Franz Joseph I. besucht die Premiere von *Fürstin Ninetta* im Theater an der Wien. Prager Strauß-Zyklus aller Operetten

1894 *Jabuka*. Fünfzigjähriges Künstler-Jubiläum. Erste Strauß-Biographie

1895 Reise nach München zu Franz Lenbach. *Waldmeister*. Genée und von Suppé gest.

1896 Jugendstil in München. Bruckner und Clara Schumann gest.

1897 *Die Göttin der Vernunft*. Mahler an der Wiener Hofoper. Brahms gest.

1899 Letztes Dirigat (22. Mai Hofoper). Tod am 3. Juni. *Wiener Blut* im Carl-Theater. Millöcker gest.

1901 Ballett *Aschenbrödel* (vervollständigt von J. Bayer) in der Berliner Hofoper uraufgeführt. Eduard löst die Strauß-Kapelle in den USA auf

1903 Schwester Anna gest.

1907 Eduard läßt das gesamte Noten-Material der Strauß-Kapelle verbrennen

1915 Schwester Therese gest.

1916 Eduard stirbt als letzter der zweiten Strauß-Musiker-Generation

1930 Adele («Cosima im Dreiviertel-Takt») gest.

Zeugnisse

Richard Wagner
... ein einziger Straußischer Walzer überragt, was Anmut, Feinheit und wirklichen musikalischen Gehalt betrifft, die meisten der oft mühselig eingeholten ausländischen Fabrikprodukte, wie der Stephansturm die bedenklich hohlen Säulen zur Seite der Pariser Boulevards.

Das Wiener Hofoperntheater, «Wiener Botschafter» 1863 [334]

Eduard Hanslick
Seine Popularität ist geradezu unermeßlich: in allen Weltteilen erklingen Straußsche Melodien und in unserem Weltteile fast aus jedem Hause.

Zum Strauß-Jubiläum, Wien 1884 [335]

Guido Adler
Scheinbar leicht hingeworfen, sind die Straußischen Gebilde doch niet- und nagelfest gebaut, nicht im Sinne weit ausgedehnter Thematik oder motivischer Verkettung, die hier nicht am Platze wäre, sondern in einer, kunstvollster Mosaikarbeit entfernt analogen Art, bei welcher die Theile in einer dem Auge unsichtbaren, hier dem geistigen Gehör fast entschwindenden Weise zu einem geschlossenen Ganzen vereinigt und verbunden sind. So hat diese Musik ihre eigene Technik, ihre eigene Ausdrucksweise, in welcher der Geist der Zeit in eigenthümlicher Weise repräsentiert wird. Hier gilt das Wort «Weise» in zweifacher Bedeutung: als Melodie und als Ausdrucksart der Epoche ... der jüngere Strauß ist der musikalische Repräsentant des Oesterreicherthums geworden.

Biographisches Jahrbuch und deutscher Nekrolog, Berlin 1900 [336]

Maurice Ravel
Was ich eben vorhabe, ist nichts Feines – ein großer Walzer (sic!), eine Art Huldigung zum Gedächtnis des großen Strauß – nicht Richard –, des anderen, Johann. Sie kennen mein leidenschaftliches Interesse für diese bewundernswerten Rhythmen, Sie wissen, daß ich die im Tanz ausgedrückte Lebensfreude für bei weitem tiefer halte als das Francksche Puritanertum.

Brief vom 7. Februar 1906 an Jean Marnold [337]

Richard Specht
Ein Mensch mit seinem Widerspruch. Aber kein widerspruchsvoller Künstler. Der «liebe Kerl» allein erschöpft sein Wesen nicht. Hier ist einer, dem es mit seinem Beruf ernst ist und der von Spaßmachern ins Schlepptau genommen wurde ... Und tausend andere Fragen, die alle laut werden, wenn man die merkwürdig kontrastierenden Unterströmungen dieses Charakters betrachtet. Müßig, durchaus müßig – denn sie alle werden weggeweht durch das jauchzende Klingen, das er in die Welt sandte und das, losgelöst und frei von seinem Selbst, von ihm übrig bleibt. Zwei Tondichter, Johannes Brahms und Adalbert Goldschmidt, haben unabhängig voneinander dasselbe Wort von ihm gesagt: «Er trieft von Musik». Ein bezeichnenderes ist nicht zu finden. Diese Musik ist deshalb keine welträtsellösende, offenbarende. Aber sie ist etwas Seltenes: Lust an sich. Ein kleines Stück erfüllter Sehnsucht nach Lebensfreude.

Johann Strauß, Berlin 1909[338]

Wilhelm Kienzl
Strauß war ein Genie. In ihm arbeitete es unablässig. Was Produktivität und Fülle der melodischen Erfindung betrifft, gebührt ihm ein Platz unmittelbar neben Mozart und Schubert.

Zum 100jährigen Geburtstag von Strauß, Wien 1925[339]

Richard Strauss
Johann Strauß ist von allen Gottbegnadeten für mich der liebenswürdigste Freudenspender ... Insbesondere verehre ich in Johann Strauß die Ursprünglichkeit, die Urbegabung. In einer Zeit, wo sich schon alles ringsum mehr dem Komplizierten und Gedachten zugewandt hatte, erschien dieses Naturtalent mit der Fähigkeit, aus dem vollen zu schöpfen. Er gilt mir als einer der letzten, die primäre Einfälle hatten. Ja, das Primäre, das Ursprüngliche, das Urmelodische, das ist's ... Gern gestehe ich auch, etwa das «Perpetuum mobile» gelegentlich mit viel größerem Vergnügen dirigiert zu haben als manche viersätzige Symphonie. Und bei den Walzern aus dem «Rosenkavalier» ..., wie sollte ich da nicht an den lachenden Genius Wiens gedacht haben?

Zum 100jährigen Geburtstag von Strauß, «Wiener Tagblatt» 1925[340]

György Ligeti
Johann Strauß war ein wirklich guter Komponist, und hatte glücklicherweise einen ebenfalls ganz guten Komponisten als Vater.

1974 in einem Brief an Franz Endler[341]

Anmerkungen

(Die Zahl nach dem Schrägstrich bezieht sich auf die entsprechende Buch-Angabe der Bibliographie; die Zahl nach dem Komma ist die Seitenzahl des jeweiligen Buches.)

1/**116**,192 · 2/**30**,137 · 3/**36**,112 · 4/Ebd. · 5/**36**,113 · 6/Ebd. · 7/**36**,114 · 8/**21**,9 · 9/**108**,397 · 10/**2**,105 · 11/**36**,84 · 12/**36**,41 · 13/**36**,478 · 14/**21**,5 · 15/**21**,6 · 16/**122** Bd. I (**29**,29) · 17/Ebd. (**29**,30) · 18/**36**,112 · 19/**1**,14 · 20/**122**, Bd. I (**29**,30) · 21/**21**,16 · 22/**32**,34 · 23/**36**,113 · 24/**1**,177 · 25/**36**,113 f · 26/**122**,Bd. I · 27/**29**,32 · 28/**36**,148 · 29/**24**,19 · 30/**122**,Bd. I (**29**,30 f) · 31/**39**,29 · 32/Vgl. **42**,47 f · 33/**122**, Bd. I · 34/**17**,46 · 35/**21**,11 · 36/**122**,Bd. I (**29**,31 f) · 37/**26**,130 · 38/**32**,32 · 39/Die in **43**,49 genannten Druckwerke vom Karneval 1818 bzw. 1820 sind Kompositionen eines anderen Strauß · 40/**1**,62 · 41/**95**;Bd. I,71 · 42/**76**,22 · 43/**26**,102 · 44/**26**,133 · 45/Man beachte den verschleiernden Titel: *Furioso-Polka, quasi Galopp* op. 260 · 46/**116**,275 · 47/**21**,10 · 48/Vgl.**86**,171 f · 49/**17**,46 · 50/Diese Daten werden häufig falsch angegeben; vgl. indessen **36**,117 und 119 · 51/**122**, Bd. I (**29**,33 f) · 52/**39**,311 · 53/**100**; Bd. I,230 · 54/Wiener Theaterzeitung vom 16. 11. 1833 · 55/**30**,86 · 56/**36**,148 · 57/**101**,15 · 58/**30**,88 · 59/**21**,16 · 60/**21**,16 f · 61/**7**,71 · 62/**21**,14 f · 63/**25**; Bd. II,124 · 64/**21**,29 · 65/**2**,16 ff · 66/**36**,148 · 67/**29**,42 · 68/**27**; Bd. I,94 f · 69/**1**,47 · 70/**125**,5 · 71/**1**,46 · 72/**1**,48 · 73/**29**,39 · 74/**36**,147 f · 75/Vgl.**36**,149 ff · 76/**36**,148 f · 77/**36**,150 · 78/**36**,151 · 79/**36**,152 · 80/**24**,44 · 81/**24**,45 · 82/Vgl.**24**,45 u. **17**,56 · 83/Wiener Theaterzeitung vom 17. 10. 1844 · 84/Vogl im Österreichischen Morgenblatt vom 19. 10. 1844 · 85/**79**,124 · 86/**1**,58 · 87/Der Wanderer vom 19. 10. 1844 · 88/Vgl. etwa die «Loreley-Rhein-Klänge» op. 154 · 89/**10**,18 · 90/**25**· Bd. II,124 · 91/Wiener Theaterzeitung vom 24. 10. 1844 · 92/**24**,49 · 93/**24**,48 · 94/**24**,54 · 95/Wiener Theaterzeitung vom 7. 7. 1845 · 96/**17**,78 · 97/**27**; Bd. I,95 · 98/**2**,30 · 99/**35**,41 · 100/**2**,18 · 101/**31**,155 · 102/**36**,197 · 103/**36**,164 f · 104/**32**,74 · 105/**88**,57 · 106/**78**,23 f · 107/**44**, Anhang · 108/**21**,28 · 109/**122**, Bd. I (**29**,34 ff) · 110/**18**,99 · 111/**21**,15 · 112/**36**,168 ff · 113/**1**,78 · 114/**128**,741 · 115/**31**,131 · 116/Vgl. die zahlreichen Hinweise in **42** · 117/**99**,16 · 118/**27**; Bd. I,96 f · 119/Vgl.**17**,136 und 146 · 120/Von Berlioz aufgezeichnet, siehe **42**,167 · 121/**28** · 122/**36**,182 · 123/**36**,191 und 193 · 124/**36**,197 · 125/**111**;Bd. I,225 · 126/Titelblatt zur Klavierausgabe von op. 261, Die ersten Curen · 127/**99**,38 f · 128/**21**,30 · 129/**1**,81 · 130/**21**,51 f · 131/**21**,31 · 132/**24**,86 · 133/**24**,87 · 134/**1**,89 · 135/**99**,39 · 136/**31**,33 · 137/**31**,35 · 138/**36**,196 · 139/**31**,33 · 140/**24**,90 · 141/**131**,220 · 142/**24**,101 f · 143/**31**,137 · 144/**31**,137 ff sowie **26**,199 f und 219 · 145/**119**,323 · 146/**31**,146 · 147/**31**,150 und 148 ·

148/**26**,219 · 149/**26**,199f · 150/**22**,132 · 151/Ebd. · 152/**30**,86 · 153/**100**; Bd. I,104 · 154/**31**,140 · 155/Ebd. · 156/**24**,101 · 157/**27**; Bd. I,34 · 158/Ebd. · 159/**27**; Bd. I,62f · 160/**27**; Bd. I,66 · 161/Vgl. u. a. **36**,208f · 162/**21**,35 · 163/**24**,110 · 164/**31**,17 · 165/**31**,28 · 166/**31**,24 · 167/**31**,20 · 168/**31**,25 · 169/**3**,19 · 170/**1**,106 · 171/**27**; Bd. I,35 · 172/**123**,63 · 173/**49**,248 · 174/**24**,114 · 175/**31**,14 · 176/**17**,161 · 177/**121**; Bd. I,351 · 178/**121**;Bd. I,357 · 179/**121**; Bd. II,639 · 180/**88**,126 · 181/**121**; Bd. II,545 · 182/**80**,Anh. 70 · 183/**107**,461 · 184/**31**,160 · 185/**37**,5 · 186/**1**,129 · 187/**88**,11f · 188/ **39**,178 · 189/**1**,137 · 190/**31**,157 · 191/**1**,143 · 192/**24**,135 · 193/**24**,119 · 194/**1**,119 · 195/**24**,136 · 196/**107**,469 · 197/**1**,140 · 198/**20**,400 · 199/**99**,15 · 200/**3**,9 · 201/**21**,45 · 202/**36**,230 · 203/**19**,164 · 204/**17**,227 · 205/**1**,157 · 206/**24**,143 · 207/**1**,158 · 208/ **82**,213 · 209/**17**,235 · 210/**17**,233 · 211/**36**,241 · 212/**1**,168 · 213/**1**,168f · 214/**17**,238 · 215/Ebd. · 216/**1**,174 · 217/**80**,328 · 218/**5**,134 · 219/**1**,177 · 220/**80**,333 · 221/**2**,62 · 222/**46**,135 · 223/**80**,328 · 224/**17**,252 · 225/Ebd., vgl. dagegen **1**,187 · 226/**51**,357 · 227/**3**,37 · 228/**39**,257ff · 229/**39**,261ff · 230/**39**,334 · 231/**19**,170 · 232/**3**,64 · 233/ **29**,93f · 234/**75**,124ff · 235/**27**; Bd. I,162 · 236/**1**,198 · 237/**1**,201 · 238/Kikeriki vom 7. 1. 1877 · 239/**80**,329 · 240/**24**,186 · 241/Vgl. u. a. **17**,276 · 242/**36**,266 · 243/ **30**,55 · 244/**37**,32 · 245/**30**,56 · 246/**30**,108 · 247/**24**,201 · 248/**10**,79 · 249/**27**; Bd. I,184 · 250/**24**,197 · 251/**22**,136 · 252/**22**,134 · 253/**17**,305 · 254/Ebd. · 255/**1**,220 · 256/**20**,407 · 257/**34**,58f · 258/**130**,179 · 259/**17**,306 · 260/Vgl.**36**,327 · 261/Kikeriki vom 14. 12. 1882; vgl. **39**,272f · 262/**31**,193ff · 263/**34**,61 · 264/Ebd. · 265/**27**; Bd. I,262 · 266/Wiener Allgemeine Zeitung vom 10. 10. 1883 (Julius Stettenheim) · 267/**1**,249 · 268/**19**,164 · 269/**27**; Bd. II,60 · 270/**27**; Bd. II,63 · 271/**27**; Bd. II,55ff · 272/**31**,41 · 273/**27**; Bd. II,66 · 274/**24**,234 · 275/**31**,39 · 276/**31**,43 (vgl. **27**; Bd. II,69) · 277/Ebd. · 278/**3**,65 · 279/**82**,98 · 280/**82**,95f · 281/**75**,150 · 282/**36**,310 · 283/ Ebd. · 284/**36**,308 · 285/**36**,315 · 286/**31**,196 · 287/**19**,164 · 288/**17**,361 · 289/Ebd. · 290/**24**,319 · 291/**1**,277 · 292/**31**,101 · 293/**1**,286 · 294/**96**,144 · 295/**10**,93 · 296/ **31**,162f · 297/**31**,122 · 298/**31**,198 · 299/**31**,56 · 300/Vgl. **24**,282 · 301/**31**,69 · 302/ **31**,79 · 303/**31**,80 · 304/**31**,122 · 305/**31**,82 · 306/**31**,164 · 307/**1**,304 · 308/**1**,303 · 309/ **31**,183 · 310/**29**,125f · 311/**89**,62 · 312/**96**,71 · 313/**31**,131 · 314/**31**,101 · 315/**31**,188 · 316/**96**,89 · 317/**3**,40 · 318/**31**,187 · 319/**29**,189f · 320/**31**,111 · 321/**27**; Bd. II,53 · 322/**27**; Bd. II,53f · 323/**24**,344 · 324/**36**,349 · 325/**36**,360 · 326/**96**,164 · 327/**2**,88 (vgl. **103**,28) · 328/**31**,5 · 329/Vgl. **1**,294; **2**,74; **3**,73 · 330/**31**,5 · 331/**103**,32 · 332/ **100**; Bd. II,65 · 333/**29**,191 · 334/**92**; Bd. XII,230 · 335/**82**,214 · 336/**103**,32 · 337/ **118**,510 · 338/**3**,88f · 339/in: **30**,115 · 340/in: **39**,369f · 341/**59**,65

Bibliographie

(Auswahl)

1. Biographien

1 EISENBERG, LUDWIG: Johann Strauß. Ein Lebensbild. Leipzig 1894
2 PROCHAZKA, RUDOLPH FREIHERR: Johann Strauß. Berlin 1900
3 SPECHT, RICHARD: Johann Strauß. Berlin 1909
4 LANGE, FRITZ: Johann Strauß. Leipzig 1913
5 DECSEY, ERNST: Johann Strauß. Ein Wiener Buch. Stuttgart–Berlin 1922
6 KOBALD, KARL: Johann Strauß. Wien 1925
7 LANGE, FRITZ: Johann Strauß der Walzerkönig. Berlin 1925
8 JACOB, HEINRICH EDUARD: Johann Strauß und das neunzehnte Jahrhundert. Amsterdam 1937
9 JASPERT, WERNER: Johann Strauß. Sein Leben, sein Werk, seine Zeit. Berlin 1939
10 SCHENK, ERICH: Johann Strauß. Potsdam 1940
11 KURINGER, PAUL: Johann Strauß. Gottmer–Haarlem–Antwerpen 1952
12 MOSER, HANS JOACHIM: Johann Strauß der Jüngere – in: Musikgeschichte in hundert Lebensbildern. Stuttgart 1952
13 JACOB, HEINRICH EDUARD: Johann Strauß Vater und Sohn. Die Geschichte einer musikalischen Weltherrschaft. Hamburg 1953
14 FANTEL, HANS: Johann Strauß. Father and Son and Their Era. Newton Abbott 1971
15 SCHNEIDEREIT, OTTO: Johann Strauß und die Stadt an der schönen blauen Donau. Berlin 1972
16 PAHLEN, KURT: Johann Strauß. Die Walzerdynastie. München 1975
17 PRAWY, MARCEL: Johann Strauß. Weltgeschichte im Walzertakt. Wien–München–Zürich 1975

2. Briefe und weitere Strauß-Dokumente

18 SCHEYRER, LUDWIG: Johann Strauß's musikalische Wanderung durch das Leben. Wien 1851
19 ZELAU, CURT VON: Johann Strauß – in: Deutsche Revue über das gesamte nationale Leben der Gegenwart. Breslau 1885
20 LINDAU, PAUL: Johann Strauß – in: Nord und Süd. Berlin 1885 (März)

21 STRAUSS, EDUARD: Erinnerungen. Leipzig–Wien 1906
22 KALBECK, MAX: Vom Schreibtisch und aus dem Atelier. Erinnerungen an Johann Strauß – in: Velhagen & Klasings Monatshefte, Leipzig 1907 (XXII. Jg., Bd. 1)
23 STORCK, KARL: Musik und Musiker in Karikatur und Satire. Oldenburg 1910
24 ENGEL, ERICH WILHELM: Johann Strauß und seine Zeit. Wien 1911
25 HANSLICK, EDUARD: Aus meinem Leben. 2 Bände. Berlin ⁴1911
26 LANGE, FRITZ: Josef Lanner und Johann Strauß. Ihre Zeit, ihr Leben und ihre Werke. Leipzig ²1919
27 SCHNITZER, IGNATZ: Meister Johann. Bunte Geschichten aus der Johann Strauß-Zeit. 2 Bände. Wien–Leipzig 1920
28 LOEWY, SIEGFRIED: Künstlerleben. Mit ungedruckten Dokumenten von Johann Strauß – in: Neue Freie Presse, Wien 1921 (27. 6.)
29 LOEWY, SIEGFRIED: Johann Strauß, der Spielmann von der blauen Donau. Lebensfragmente. Wien–Leipzig 1924
30 LOEWY, SIEGFRIED: Rund um Johann Strauß. Momentbilder aus einem Künstlerleben. Wien 1925
31 STRAUSS, ADELE (Hg.): Johann Strauß schreibt Briefe ... (mit Kommentaren von Fritz Lange). Berlin 1926
32 SINGER, MAX (Hg.): Philipp Fahrbach. Alt-Wiener Erinnerungen. Wien 1935
33 REICH, WILLI: Johann-Strauß-Brevier. Aus Briefen und Erinnerungen. Zürich 1950
34 GRASBERGER, FRANZ: Die Wiener Philharmoniker bei Johann Strauß. Wien 1963
35 BRODSZKY, FRANZ: Wenn Johann Strauß ein Tagebuch geführt hätte ... Budapest 1964
36 JÄGER-SUNSTENAU, HANNS: Johann Strauß. Der Walzerkönig und seine Dynastie. Familiengeschichte, Urkunden. Wien 1965
37 SCHÖNHERR, MAX u. a.: 100 Jahre Donauwalzer – in: Österreichische Musikzeitschrift. Wien 1967 (Sonderheft)
38 MAILER, FRANZ: Das kleine Johann Strauß Buch. Salzburg 1975 – Neuausg. Reinbek 1980 (rororo. 4479)
39 HÜRLIMANN, MARTIN: Die Walzer-Dynastie Strauß in Zeugnissen ihrer selbst und ihrer Zeitgenossen. Zürich 1976

3. Werkverzeichnisse

40 FLAMME, CHR.: Verzeichnis der sämtlichen, im Druck erschienenen Kompositionen von Johann Strauß (Vater), Johann Strauß (Sohn), Josef Strauß und Eduard Strauß. Leipzig 1898
41 WEINMANN, ALEXANDER: Werkverzeichnis Joseph Lanner. Wien 1948
42 SCHÖNHERR, MAX, und KARL REINÖHL: Johann Strauß Vater. Ein Werkverzeichnis. London–Wien–Zürich 1954
43 WEINMANN, ALEXANDER: Verzeichnis sämtlicher Werke von Johann Strauß Vater und Sohn. Wien 1956
44 WEINMANN, ALEXANDER: Verzeichnis sämtlicher Werke von Josef und Eduard Strauß. Wien 1967

4. Zur Geschichte des Tanzes

45 AMBROS, AUGUST WILHELM: Die Tanzmusik seit hundert Jahren – in: Culturhistorische Bilder aus dem Musikleben der Gegenwart. Leipzig 1860

46 STORCK, KARL: Der Tanz. Bielefeld–Leipzig 1903

47 LANGE, FRITZ: Der Wiener Walzer. Wien 1917

48 LACH, ROBERT: Zur Geschichte des Gesellschaftstanzes im 18. Jahrhundert. Wien–Prag–Leipzig 1920

49 ZORN, F. A.: Grammatik der Tanzkunst (neu bearb. Gustav Engelhardt). Berlin 1920

50 BRANDENBERG, HANS: Der moderne Tanz. München 1921

51 BIE, OSKAR: Der Tanz. Berlin ³1923

52 SACHS, CURT: Eine Weltgeschichte des Tanzes. Berlin 1933

53 CARNER, MOSCO: The Waltz. London 1948

54 REGNER, OTTO FRIEDRICH: Das Ballettbuch. Frankfurt a. M.–Hamburg 1954

55 NETTL, PAUL: Mozart und der Tanz. Zur Geschichte des Balletts und Gesellschaftstanzes. Zürich–Stuttgart 1960

56 REBLING, EBERHARD: Ballett – Gestern und heute. Berlin 1961

57 ZACHARIAS, GERHARD: Ballett – Gestalt und Wesen. Köln 1962

58 WEIGEL, HANS: Das kleine Walzerbuch. Salzburg 1965

59 ENDLER, FRANZ: Das Walzer-Buch. Johann Strauß: Die Wiener Aufforderung zum Tanz. Wien 1975

5. Zur Geschichte der Operette

60 HANSLICK, EDUARD: Aus dem Opernleben der Gegenwart. Berlin 1884

61 HANSLICK, EDUARD: Die moderne Oper. Berlin 1900

62 GRUNSKY, KARL u. a.: Spemanns goldenes Buch der Musik. Berlin–Stuttgart 1900 (mit Künstler- und Tonkünstler-Lexica)

63 HEUBERGER, RICHARD: Im Foyer. Gesammelte Essays über das Opernrepertoire der Gegenwart. Leipzig ²1901

64 GENEE, RUDOLPH u. a.: Spemanns goldenes Buch des Theaters. Berlin–Stuttgart 1902 (mit Bühnenkünstler-Lexikon)

65 EISENBERG, LUDWIG: Großes Biographisches Lexikon der Deutschen Bühne im XIX. Jahrhundert. Leipzig 1903

66 KELLER, OTTO: Die Operette in ihrer geschichtlichen Entwicklung. Musik/Libretto/Darstellung. Leipzig–Wien–New York 1926

67 CHEVALLEY, HEINRICH: Hundert Jahre Hamburger Stadt-Theater. Hamburg 1927

68 MOSER, HANS JOACHIM: Johann Strauß und die Blütezeit der Operette – in: Geschichte der deutschen Musik vom Auftreten Beethovens bis zur Gegenwart. Stuttgart–Berlin ²1928

69 BAUER, ANTON: 150 Jahre Theater an der Wien. Zürich–Leipzig–Wien 1952

70 NICK, EDMUND: Vom Wiener Walzer zur Wiener Operette. Hamburg 1954

71 WÜRZ, ANTON: Reclams Operettenführer. Stuttgart ⁸1961

72 CZECH, STAN: Das Operettenbuch. Ein Führer durch die Operetten und Singspiele der deutschen Bühnen. Stuttgart ⁴1960

73 KUTSCH, KARL JOSEF, und LEO RIEMENS: Unvergängliche Stimmen. Kleines

Sängerlexikon. Bern–München 1962

74 Schneidereit, Otto: Operette von Abraham bis Ziehrer. Berlin 1969

75 Jacob, P. Walter: Jacques Offenbach in Selbstzeugnissen und Bilddokumenten. Reinbek 1969 (rowohlts monographien. 155)

6. Begleiter des Lebens

76 Rusticocampius: Ein Buch von uns Wienern in lustig-gemüthlichen Reimlein. Leipzig 1858

77 Castelli, J. F.: Memoiren meines Lebens. Gefundenes und Empfundenes, Erlebtes und Erstrebtes. Wien 1861 (Bände III–IV)

78 Bauernfeld, Eduard von: Aus Alt- und Neu-Wien (Ges. Schriften, Bd. IX). Wien 1873

79 (Moscheles, Ignaz:) Aus Moscheles' Leben. Nach Briefen und Tagebüchern herausgegeben von seiner Frau. Bd. 2. Leipzig 1873

80 Herbeck, Ludwig: Johann Herbeck. Ein Lebensbild. Wien 1885

81 Ramann, Lina: Franz Liszt. Als Künstler und Mensch. 2. Band, I. Abtheilung. Leipzig 1887

82 Hanslick, Eduard: Musikalisches Skizzenbuch. Neue Kritiken und Schilderungen. (Der «Modernen Oper» 4. Teil.) Berlin 1888

83 La Mara: Franz Liszt's Briefe an die Fürstin Carolyne Sayn-Wittgenstein. Leipzig 1899 (Franz Liszt's Briefe, Bd. 4)

84 Hruby, C.: Meine Erinnerungen an Anton Bruckner. Wien 1901

85 Keller, Otto: Franz von Suppé. Leipzig 1905

86 Berlioz, Hector: Memoiren I (Literarische Werke. Bd. 2). Aus dem Französischen übersetzt von Elly Ellès. Leipzig 1905

87 Bülow, Hans von: Briefe. VI. Band. Leipzig 1907

88 Uhl, Friedrich: Aus meinem Leben. Stuttgart–Berlin 1908

89 Nowak, Karl Friedrich: Alexander Girardi. Sein Leben und sein Wirken. Berlin 1908

90 Speidel, Ludwig: Schriften. Berlin 1910

91 Kalbeck, Max: Johannes Brahms. 4 Bände. Berlin [3]1912

92 Kapp, Julius (Hg.): Richard Wagners Gesammelte Schriften. 14 Bände. Leipzig 1914

93 Fischhof, Robert: Begegnungen auf meinem Lebensweg. Wien–Leipzig 1916

94 Strauss, Richard: Betrachtungen und Erinnerungen, herausgegeben von Willi Schuh. Zürich 1949

95 Wagner, Richard: Mein Leben. Einzige vollständige Ausgabe, herausgegeben von Martin Gregor-Dellin. 2 Bände. München 1963

96 Heuberger, Richard: Erinnerungen an Johannes Brahms. Tagebuchnotizen aus den Jahren 1875 bis 1897, erstmals vollständig herausgegeben von Kurt Hofmann. Tutzing 1971

7. Zur Geschichte und Musikgeschichte der Stadt Wien

97 FAHRBACH, PHILIPP: Geschichte der Tanzmusik. Wien 1847 (Musik-Zeitung Nr. 34–36)

98 HANSLICK, EDUARD: Geschichte des Concertwesens in Wien (1750–1868). Wien 1869

99 HANSLICK, EDUARD: Geschichte des Concertwesens in Wien. Zweiter Theil: Aus dem Concertsaal – Kritiken und Schilderungen aus den letzten 20 Jahren des Wiener Musiklebens. Wien 1870

100 SCHUMANN, ROBERT: Gesammelte Schriften über Musik und Musiker. 2 Bände. Leipzig ³1875

101 Gemeinderath der Stadt Wien (Hg.): Wien 1848–1888. Denkschrift zum 2. December 1888. Bd. 2. Wien 1888

102 EISENBERG, L., und R. GRONER: Das geistige Wien. Wien 1890

103 ADLER, GUIDO: Johann Strauß – in: Biographisches Jahrbuch und deutscher Nekrolog, hg. von Anton Bettelheim. Berlin 1900

104 GLOSSY, KARL: Wien 1840–1848. Eine amtliche Chronik. Wien 1917–19

105 KOBALD, KARL: Alt-Wiener Musikstätten. Zürich–Leipzig–Wien 1923

106 TIETZE, HANS: Alt-Wien in Wort und Bild. Wien ²1926

107 KRALIK, RICHARD: Geschichte der Stadt Wien und ihrer Kultur. Wien ²1926

108 PETERMANN, REINHARD E.: Wien von Jahrhundert zu Jahrhundert. 1. Teil. Wien–Leipzig–New York 1927

109 OREL, ALFRED: Wiener Tanzmusik und Operette – in: Handbuch der Musikgeschichte, hg. von Guido Adler. Berlin ²1930

110 KOLLER, JOSEF: Das Wiener Volkssängertum. Wien 1931

111 OBERHUMMER, HERMANN: Die Wiener Polizei. 2 Bände. Wien 1937

112 WANDERER, MARIA THERESIA (Hg.): Revolutionsstürme 48. Ereignisse/Urkunden/Briefe/Dichtungen. Wien 1948

113 BLUME, FRIEDRICH (Hg.): Die Musik in Geschichte und Gegenwart. 17 Bände. Kassel und Basel 1949 ff – darin u. a.: Galopp (Edmund Nick), Marsch (Edmund Nick), Mazur (Marian Sobieski), Operette (Anton Würz), Polka (Felix Hoerburger), Quadrille (Paul Nettl), Strauß, Familie (Edmund Nick), Walzer (Mosco Carner)

114 WITESCHNIK, ALEXANDER: Musik aus Wien. Die Geschichte einer Weltbezauberung. Wien–München–Basel 1955

115 JACOB, HEINRICH EDUARD: Mozart oder Geist, Musik und Schicksal. Frankfurt a. M. 1956

116 MARKL, HANS: Kennst Du alle berühmten Gedenkstätten Wiens? Wien–München–Zürich 1959

117 DEUTSCH, OTTO ERICH: Franz Schubert. Die Dokumente seines Lebens. Kassel 1964

118 GAL, HANS (Hg.): In Dur und Moll. Briefe großer Komponisten von Orlando di Lasso bis Arnold Schönberg. Frankfurt a. M. 1966

119 LANDON, H. C. ROBBINS: Beethoven. Sein Leben und seine Welt in zeitgenössischen Bildern und Texten. Zürich 1970

120 BLAUKOPF, KURT: Mahler. Sein Leben, sein Werk und seine Welt in zeitgenössischen Bildern und Texten (mit Beiträgen von Zoltan Roman). Wien 1976

8. Varia und Ergänzungen

121 REICHENBACH, KARL FREIHERR VON: Der sensitive Mensch und sein Verhalten zum Ode. Stuttgart–Tübingen 1854

122 STRAUSS, JOHANN: Gesamtausgabe. Herausgegeben von seinem Sohne Johann Strauß. 7 Bände. Leipzig 1889 (Reprint New York 1976, mit der biographischen Einleitung von Johann Strauß Sohn)

123 BIE, OSCAR: Tanzmusik. Berlin 1905

124 ADLER, ALFRED: Studie über Minderwertigkeit von Organen. Wien 1907

125 PREISS, CORNELIUS: Josef Drechsler 1782–1852, ein Tondichter aus «Alt-Wien». Graz 1910

126 NEUWALD-GRASSE, ANNY: Die Beziehungen von Johann Strauß Vater und seinen Söhnen zu Rußland. Wien 1917

127 UNVERRICHT, HUBERT: Benjamin Bilse, der Gründer der Berliner Philharmoniker wider Willen. Regensburg 1952 (Zeitschrift für Musik CXIII)

128 GURLITT, WILIBALD (Hg.): Riemann Musiklexikon. Personenteil L-Z. Mainz [12]1961

129 ANSERMET, ERNEST: Die Grundlagen der Musik im menschlichen Bewußtsein. München 1965

130 Autographen aus allen Gebieten. Auktions-Katalog 601 von J. A. Stargardt. Marburg 1973

131 Autographen aus allen Gebieten. Auktions-Katalog 605 von J. A. Stargardt. Marburg 1975

132 RACEK, FRITZ: Johann Strauß zum 150. Geburtstag (Ausstellungskatalog der Wiener Stadtbibliothek), Wien 1975

133 MAILER, FRANZ: Joseph Strauß. Genie wider Willen. Wien–München 1977

Werkverzeichnis

1. Bühnenwerke

a) Oper
Ritter Pásmán op. 441 (Ludwig Dóczi). Komische Oper in 3 Akten. N. Simrock, Berlin 1892

b) Ballett
Aschenbrödel (vollendet von Josef Bayer). Gesellschaft für graphische Industrie, Kom. Weinberger, Wien 1901

c) Operetten
Indigo und die 40 Räuber (Max Steiner), 4 Akte. C. A. Spina, Wien 1871

Carneval in Rom (Josef Braun), 3 Akte. C. A. Spina's Nachf. (Friedrich Schreiber), Wien 1873

Die Fledermaus (Carl Haffner und Richard Genée), 3 Akte. Friedrich Schreiber, Wien 1874

Cagliostro in Wien (Richard Genée und Friedrich Zell), 3 Akte. Friedrich Schreiber, Wien 1875

Prinz Methusalem (Victor Wilder und M. M. A. Delacour, deutsch von Karl Treumann), 3 Akte. Friedrich Schreiber/August Cranz, Wien/Hamburg 1877

Blindekuh (Rudolf Kneisel), 3 Akte. August Cranz/C. A. Spina, Hamburg/Wien 1878

Das Spitzentuch der Königin (Heinrich Bohrmann-Riegen und Richard Genée), 3 Akte. August Cranz, Hamburg 1880

Der lustige Krieg (Friedrich Zell und Richard Genée), 3 Akte. August Cranz, Hamburg 1881

Eine Nacht in Venedig (Friedrich Zell und Richard Genée), 3 Akte. August Cranz, Hamburg 1883

Der Zigeunerbaron (Ignatz Schnitzer, nach Maurus Jókai), 3 Akte. August Cranz, Hamburg 1885

Simplicius (Victor Leon), 3 Akte. August Cranz, Hamburg 1887

Fürstin Ninetta (Julius Bauer und Hugo Wittmann), 3 Akte. August Cranz, Hamburg 1893

Jabuka (Gustav Davis und Max Kahlbeck), 3 Akte. Gustav Lewy, Wien 1894

Waldmeister (Gustav Davis), 3 Akte. Bote & Bock, Berlin 1895

Die Göttin der Vernunft (A. M. Willner und G. Buchbinder), 3 Akte. Emil Berté & Comp., Wien 1897

Wiener Blut (Victor Léon und Leo Stein, arr. Adolf Müller jun.), 3 Akte. August Cranz, Hamburg 1899

2. Begleitete Vokalwerke

(Wo nichts anderes vermerkt, für Männerchor und Orchester bzw. Klavier. Die entsprechenden Titel sind im Opus-Verzeichnis S. 168f nachzulesen und werden hier nicht wiederholt. Dagegen sind die Textdichter vermerkt.)
56 I. H. Hirschfeld · **57** (Spott-Text von ?) · **239** (?) · **291** Richard Genée (Text u. Chorsatz) · **314** Josef Weyl · **328** Josef Weyl · **333** Josef Weyl (auch für gemischten Chor oder Gesang und Klavier) · **335** (Trio mit Vokalisen-Chor) · **342** Josef Weyl · **361** A. Langer · **364** Richard Genée (Text u. Chorsatz)§A**371** (?) · **389** A. Seuffert · **394** Richard Genée · **395** Josef Weyl · **396** (?) · **410** Richard Genée (für Koloratur-Sopran) · **418** Ignatz Schnitzer · **440** Fr. v. Gernerth (auch Chor und Orchester bzw. Gesang und Klavier) · **462** A. M. Willner (Gesangs-Walzer) · **477** (?) · **478** (?)
ohne Opuszahl:
Ein Gstanzl vom Tanzl, Ludwig Dóczi und Viktor Keldorfer (auch Gesang und Klavier) · Auf zum Tanze, Ludwig Ganghofer (Gesang und Klavier) · D'Hauptsach', Ludwig Anzengruber (Gesang und Klavier) · Bauersleut' im Künstlerhaus, Ludwig Anzengruber (Gesang und Klavier)

3. Unbegleitete Vokalwerke

o. op. Laßt den Sängergruß ertönen, Sängergruß für Männerchor. P. J. Tonger, Köln 1882

4. Instrumentalwerke

a) Konzertante Musik für Orchester
Wo nichts anderes vermerkt, für großes Orchester.
214 Tritsch-Tratsch-Polka, Musikalischer Scherz · **243** Romanze (No. I) · **257** Perpetuum mobile, Musikalischer Scherz · **324** Unter Donner und Blitz · **336** Im Krapfenwaldl (Im Pawlowskwalde) · **352** Fest-Polonaise · **353** Russische Marsch-Fantasie · **355** Im russischen Dorfe, Fantasie · (unter **441**) Ballettmusik aus der komischen Oper Ritter Pásmán · **449** Neue Pizzicato-Polka (für Streichorchester bzw. Streichquintett) · **454** Auf dem Tanzboden, Musikalische Illustration zu Defreggers Gemälde · **479** Klänge aus der Raimundzeit, Vorspiel
ohne Opuszahl:
Pizzicato-Polka (für Streichorchester 1869 gemeinsam mit Josef Strauß komponiert) · Vorspiel zum 3. Akt der Operette Jabuka · Traumbilder · Ouvertüren zu allen Operetten (mit Ausnahme von Jabuka)
Anmerkung: Viele der berühmtesten Tänze, namentlich die großen Walzer mit symphonischem Vorspiel und kunstvoller Coda, sind in den Konzertsaal gedrungen und dürften ebenso zur Konzertanten Musik hinzuzurechnen sein.

b) Konzertante Kammermusik
469 Hochzeits-Praeludium für Orgel (Harmonium), Violine und Harfe

c) Konzertante Musik für Klavier
253 Schwärmereien, Concert-Walzer für Klavier, Herrn Anton Rubinstein gewidmet · **255** St. Petersburg, Quadrille nach russischen Motiven für Klavier bzw. Violine und Klavier · **256** Veilchen, Mazur nach russischen Motiven für Klavier bzw. für Violine und Klavier · **410** Frühlingsstimmen, Herrn Alfred Grünfeld gewidmet

5. Sämtliche Opus-Editionen mit Erstverleger-Angaben

Abkürzungen: M = Marsch, n. M. d. = nach Motiven der, P = Polka, Pf = Polka française, Pm = Polka-Mazur, Ps = Polka schnell, Q = Quadrille, W = Walzer, WiL = Walzer im Ländlerstyle

1845 *Pietro Mechetti qdm. Carlo*, Wien: **1** Sinngedichte W · **2** Debut-Quadrille · **3** Herzenslust P · **4** Gunstwerber W · **5** Serailtänze W · **6** Cytheren-Quadrille · **7** Die jungen Wiener W · **8** Patrioten-Marsch · **9** Amazonen-Polka · **10** Liebesbrunnen-Quadrille
1846: **11** Faschings-Lieder W · **12** Jugend-Träume W · **13** Czechen-Polka · **14** Serben-Quadrille · **15** Sträußchen W · **16** Elfen-Quadrille · **17** Jux-Polka
1846 *H. F. Müller*, Wien: **18** Berglieder W · **19** Dämonen-Quadrille · **20** Austria-Marsch · **21** Lind-Gesänge W · **22** Die Oesterreicher W · **23** Pesther Csárdás · **24** Zigeunerin-Quadrille · **25** Zeitgeister W · **26** Fidelen-Polka · **27** Die Sanguiniker W
1847: **28** Hopser-Polka · **29** Odeon-Quadrille · **30** Die Zillerthaler WiL · **31** Quadrille n. M. d. Oper «Die Belagerung von Rochelle» von Balfe · **32** Irenen-Walzer · **33** Alexander-Quadrille · **34** Die Jovialen W · **35** Industrie-Quadrille · **36** Architecten-Ball-Tänze W · **37** Wilhelminen-Quadrille · **38** Bachus-Polka · **39** Slaven-Potpourri · **40** Quadrille n. M. d. Oper «Die Königin von Leon» von Boisselot · **41** Sängerfahrten W · **42** Wilde Rosen W · **43** Explosions-Polka · **44** Fest-Quadrille · **45** Ernte-Tänze W
1848: **46** Martha-Quadrille · **47** Dorfgeschichten W · **48** Seladon-Quadrille · **49** Fest-Marsch · **50** Klänge aus der Walachei W · **51** Marien-Quadrille (n. rumänischen Melodien) · **52** Freiheits-Lieder (Barrikaden-Lieder) W · **53** Annika-Quadrille · **54** Revolutions-Marsch · **55** Burschen-Lieder W · **56** Studenten-Marsch · **57** Liguorianer-Seufzer, Scherz-Polka · **58** Brünner-Nationalgarde-Marsch
1848 *Pietro Mechetti*, Wien: **59** Quadrille n. M. d. Oper «Der Blitz» von F. Halévy
1849: **60** Geisselhiebe P
1849 *H. F. Müller*, Wien: **61** Neue Steierische Tänze W
1849 *Pietro Mechetti*, Wien: **62** Einheits-Klänge W · **63** Sanssouci-Quadrille · **64** Fantasiebilder W · **65** Nicolai-Quadrille n. Russischen Themen · **66** D' Woaldbuama (Die Waldbuben) WiL · **67** Kaiser-Franz-Joseph-Marsch
1850: **68** Aeols-Töne W
1850 *Tobias Haslinger*, Wien: **69** Triumph-Marsch

1850 *Pietro Mechetti*, Wien: **70** Die Gemüthlichen W · **71** Künstler-Quadrille · **72** Scherz-Polka · **73** Frohsinns-Spenden W · **74** Lava-Ströme W · **75** Sofien-Quadrille · **76** Attaque-Quadrille · **77** Wiener Garnison Marsch · **78** Heiligenstädter Rendezvous-Polka · **79** Maxing-Tänze W · **80** Heski-Holki-Polka · **81** Luisen-Sympathie-Klänge W · **82** Johannis-Käferln-Walzer · **83** Ottinger Reitermarsch

1851: **84** Warschauer Polka · **85** Heimaths-Kinder W · **86** Bonvivant-Quadrille · **87** Aurora-Ball-Tänze W · **88** Slaven-Ball-Quadrille · **89** Hirten-Spiele W · **90** Orakel-Sprüche W · **91** Herrmann-Polka · **92** Maskenfest-Quadrille · **93** Kaiser-Jäger-Marsch · **94** Rhadamantus-Klänge W

1851 *Carl Haslinger qdm. Tobias*, Wien: **95** Idyllen W · **96** Viribus unitis M · **97** Gambrinus-Tänze W · **98** Promenade-Quadrille · **99** Fraunkäferln W

1852: **100** Vöslauer Polka · **101** Mephisto's Höllenrufe W · **102** Albion-Polka · **103** Vivat! Q · **104** Windsor-Klänge W · **105** Fünf Paragraphe aus dem Walzer-Codex · **106** Harmonie-Polka · **107** Großfürsten-Marsch · **108** Die Unzertrennlichen W · **109** Tête-à-Tête-Quadrille · **110** Elektro-magnetische Polka · **111** Blumenfest-Polka · **112** Melodien-Quadrille nach Verdi · **113** Sachsen-Kürassier-Marsch · **114** Liebes-Lieder W · **115** Wiener Jubel-Gruß-Marsch · **116** Hofball-Quadrille · **117** Annen-Polka · **118** Lockvögel W

1853: **119** Volkssänger W · **120** Nocturne-Quadrille · **121** Zehner-Polka · **122** Indra-Quadrille · **123** Satanella-Quadrille · **124** Satanella-Polka · **125** Phönix-Schwingen W · **126** Kaiser Franz Josef I. Rettungs-Jubel-Marsch · **127** Freudengruß-Polka · **128** Solon-Sprüche W · **129** Motor-Quadrille · **130** Aesculap-Polka · **131** Wiener Punsch-Lieder W · **132** Veilchen-Polka · **133** Caroussel-Marsch · **134** Tanzi-Bäri-Polka · **135** Bouquet-Quadrille · **136** Vermählungs-Toaste W · **137** Neuhauser-Polka · **138** Pepita-Polka

1854: **139** Kron-Marsch · **140** Knallkügerln W · **141** Wellen und Wogen W · **142** Wiedersehen-Polka · **143** Schnee-Glöckchen W · **144** La Viennoise Pm · **145** Bürgerball-Polka · **146** Novellen W · **147** Musen-Polka · **148** Schallwellen W · **149** Erzherzog Wilhelm Genesungs-Marsch · **150** Ballg'schichten W · **151** Elisen-Pf · **152** Karnevals-Spectakel-Quadrille · **153** Nordstern-Quadrille · **154** Myrthen-Kränze W

1855: **155** Haute-volée-Polka · **156** Napoleon-Marsch (1854) · **157** Nachtfalter W · **158** Alliance-Marsch · **159** Schnellpost-Polka · **160** Ella-Polka · **161** Panacea-Klänge W · **162** Souvenir-Polka · **163** Glossen W · **164** Sirenen W · **165** Aurora-Polka · **166** Handels-Elite-Quadrille · **167** Man lebt nur einmal! W · **168** Leopoldstädter Polka · **169** Bijouterie-Quadrille · **170** Nachtveilchen Pm · **171** Freuden-Salven W

1856: **172** Gedanken auf den Alpen W · **173** Marie-Taglioni-Polka · **174** Le Papillon Pm · **175** Erhöhte Pulse W · **176** Armenball-Polka · **177** Juristenball-Tänze W · **178** Sanssouci-Polka · **179** Abschieds-Rufe W · **180** Libellen W

1857: **181** Großfürstin Alexandra W · **182** L'Inconnue Pf · **183** Krönungs-Marsch · **184** Krönungslieder W · **185** Strelna-Terassen-Quadrille · **186** Demi-fortune Pf · **187** Une Bagatelle Pm · **188** Herzerl-Polka · **189** Paroxysmen W · **190** «Etwas Kleines» Pf · **191** Controversen W · **192** Wien, mein Sinn! W · **193** Phänomene W · **194** La Berceuse Q · **195** Telegrafische Depeschen W · **196** Olga-Polka · **197** Spleen Pm

1858: **198** Alexandrinen-Pf · **199** Le beau monde Q · **200** Souvenir de Nizza W · **201** Künstler-Quadrille · **202** L'Enfantillage Pf · **203** Helenen-Polka · **204** Vibra-

Sängerlust Pf · **329** Erinnerung an Covent-Garden (n. englischen Volksliedern) W · **330** Fata Morgana Pm · **331** Illustrationen W · **332** Eljen a Magyar! Schnell-Polka · **333** Wein, Weib und Gesang W

1870: **334** Königslieder W · **335** Egyptischer Marsch · **336** Im Pawlowskwalde (Im Krapfenwaldl) Pf · **337** Von der Börse Pf

1871: **338** Slovianka-Quadrille n. russischen Melodien · **339** Louischen Pf · **340** Freut euch des Lebens (1870) · **341** Festival-Quadrille (n. englischen Melodien) · **342** Neu-Wien W (1870) · **343** Shawl-Pf aus Indigo und die 40 Räuber · **344** Indigo-Quadrille · **345** Auf freiem Fuße, Indigo · **346** Tausend und eine Nacht W Indigo · **347** Aus der Heimath Pm Indigo · **348** Im Sturmschritt! Ps Indigo · **349** Indigo-Marsch · **350** Lust'ger Rath Pf Indigo · **351** Die Bajadere Ps Indigo

1872: **352** Fest-Polonaise · **353** Russische Marsch-Fantasie

1873 *Friedrich Schreiber (vormals C. A. Spina)*, Wien: **354** Wiener Blut W · **355** Im russischen Dorfe, Fantasie · **356** Vom Donaustrande Ps aus Carneval in Rom · **357** Carnevalsbilder W · **358** Nimm sie hin Pf Carneval · **359** Gruß aus Oesterreich Pm Carneval · **360** Rotunde-Quadrille, Carneval

1874: **361** Bei uns z'Haus W · **362** Fledermaus-Polka · **363** Fledermaus-Quadrille · **364** Wo die Citronen blüh'n! W · **365** Tik-Tak Ps Fledermaus · **366** An der Moldau Pf Fledermaus · **367** Du und Du W Fledermaus · **368** Glücklich ist, wer vergißt Pm Fledermaus

1875: **369** Cagliostro-Quadrille · **370** Cagliostro-Walzer · **371** Hoch Oesterreich! M aus Cagliostro in Wien · **372** Bitte schön! Pf Cagliostro · **373** Auf der Jagd, Schnell-Polka Cagliostro · **374** Licht und Schatten Pm Cagliostro

1877 *Friedrich Schreiber/August Cranz*, Wien/Hamburg: **375** O schöner Mai! W aus Prinz Methusalem

1877 *C. A. Spina/August Cranz*, Wien/Hamburg: **376** Methusalem-Quadrille · **377** I-Tipferl-Pf Methusalem · **378** Banditen-Galopp, Methusalem

1878: **379** Kriegers Liebchen Pm Methusalem · **380** Ballsträußchen, Schnell-Polka

1879 *August Cranz/C. A. Spina*, Hamburg/Wien: **381** Kennst du mich? W aus Blindekuh · **382** Pariser Polka française Blindekuh · **383** Nur fort! Ps Blindekuh · **384** Opern-Maskenball-Quadrille Blindekuh · **385** Waldine Pm

1880: **386** Frisch heran! Ps · **387** In's Zentrum! W

1880 *August Cranz*, Hamburg: **388** Rosen aus dem Süden W aus Das Spitzentuch der Königin

1881 *August Cranz/C. A. Spina*, Hamburg/Wien: **389** Burschen-Wanderung Pf · **390** Nordseebilder W (1880)

1881 *August Cranz*, Hamburg: **391** Gavotte der Königin, Spitzentuch · **392** Spitzentuch-Quadrille · **393** Stürmisch in Lieb' und Tanz, Schnell-Polka Spitzentuch · **394** Liebchen, schwing dich Pm Spitzentuch · **395** Myrthenblüten W · **396** Jubelfest-Marsch

1882: **397** Der lustige Krieg M · **398** Frisch in's Feld! M Krieg · **399** Was sich liebt, neckt sich Pf Krieg · **400** Kuß-Walzer, Krieg · **401** Der Klügere gibt nach Pm Krieg · **402** Quadrille n. M. d. Operette Der lustige Krieg · **403** Entweder-oder! Schnell-Polka Krieg · **404** Violetta Pf Krieg · **405** Nord und Süd Pm Krieg

1883: **406** Matador-Marsch, Spitzentuch · **407** Italienischer Walzer, Krieg (1882) · **408** Habsburg hoch! M · **409** Rasch in der That! Ps · **410** Frühlingsstimmen W

1884: **411** Lagunen-Walzer aus Eine Nacht in Venedig · **412** Papacoda-Pf Nacht · **413** So ängstlich sind wir nicht! Schnell-Polka Nacht · **414** Die Tauben von San

Marco Pf Nacht · **415** Annina Pm Nacht · **416** Quadrille n. M. d. komischen Oper Eine Nacht in Venedig

1886: **417** Brautschau P aus Der Zigeunerbaron · **418** Schatz-Walzer, Zigeuner-baron · **419** Kriegsabenteuer, Schnell-Polka Zigeunerbaron · **420** Die Wahrsage-rin Pm Zigeunerbaron · **421** Husaren-Polka, Zigeunerbaron · **422** Zigeuner-baron-Quadrille

1887: **423** Wiener Frauen W · **424** Adelen-Walzer · **425** An der Wolga Pm · **426** Russischer Marsch

1888: **427** Donauweibchen W aus Simplicius · **428** Reitermarsch, Simplicius · **429** Quadrille aus Simplicius · **430** Soldatenspiel Pf Simplicius · **431** Lagerlust Pm Simplicius · **432** Mutig voran! Ps Simplicius · **433** Spanischer Marsch

1889: **434** Kaiser-Jubiläum, Jubel-Walzer · **435** Sinnen und Minnen W · **436** Auf zum Tanze! Schnell-Polka

1889 *N. Simrock*, Berlin: **437** Kaiser-Walzer

1890: **438** Rathhausball-Tänze W · **439** Durch's Telephon P

1891: **440** Groß-Wien W

1892: **441** Ritter Pásmán, Komische Oper · **442** Unparteiische Kritiken Pm · **443** Seid umschlungen, Millionen W

1893: **444** Märchen aus dem Orient W · **445** Herzenskönigin Pf

1893 *August Cranz*, Hamburg: **445** (doppelt!) Ninetta-Walzer aus Fürstin Ninet-ta · **446** Ninetta-Quadrille · **447** Ninetta-Marsch · **448** Diplomaten-Polka, Ninetta · **449** Neue Pizzicato-Polka, Ninetta · **450** Ninetta-Galopp · **451** (unbesetzt)

1894 *Gustav Lewy*, Wien: **452** Fest-Marsch · **453** Hochzeitsreigen W · **454** Auf dem Tanzboden, Musikalische Illustration · **455** Ich bin dir gut! W aus Jabuka · **456** Zivio! M Jabuka · **457** Das Comitat geht in die Höh' Ps Jabuka · **458** Tanze mit dem Besenstiel! Pf Jabuka · **459** Sonnenblume Pm Jabuka · **460** Jabuka-Quadrille

1895 *Ernst Keil's Nachf.*, Leipzig: **461** Gartenlaube-Walzer

1895 *Emil Berté & Cie*, Leipzig und Wien: **462** Klug Gretelein W

1896 *Bote & Bock*, Berlin: **463** Trau, schau, wem! W aus Waldmeister · **464** Herrjemineh Pf Waldmeister · **465** Liebe und Ehe Pm Waldmeister · **466** Klipp-Klapp, Galopp Waldmeister · **467** Es war so wunderschön M Waldmeister · **469** Hochzeits-Präludium für Orgel (Harm.), Violine und Harfe

1896 *August Cranz*, Leipzig: **470** Deutschmeister-Jubiläumsmarsch

1897 *Emil Berté & Cie*, Wien: **471** Heut' ist heut' W aus Die Göttin der Ver-nunft · **472** Nur nicht mucken Pf Göttin · **473** Wo uns're Fahne weht M Göttin · **474** Da nicken die Giebel Pm Göttin · **475** Frisch gewagt, Galopp Göttin · **476** Göttin der Vernunft Qu

1897 *J. G. Seeling*, Dresden: An der Elbe W

1898 *Jungmann & C. Lerch*, Wien: **478** Aufs Korn M · **479** Klänge aus der Rai-mundzeit

Namenregister

Die kursiv gesetzten Zahlen bezeichnen die Abbildungen

Über den Autor

Norbert Linke wurde 1933 in Steinau/Oder in Niederschlesien geboren. Schulbesuch in Celle, Studium in Hamburg, daselbst Promotion zum Dr. phil. in Musikwissenschaft. Linke ist Professor (Ordinarius für Musik und ihre Didaktik) an der Universität/Gesamthochschule Duisburg. Als Komponist, Musikschriftsteller und Pädagoge ist er vor allem mit soziologischen und psychologischen Untersuchungen hervorgetreten.

Quellennachweis der Abbildungen

Österreichische Nationalbibliothek, Wien: 118, 121, 139, 140
Alle übrigen Fotos dieses Buches stellte die Historische Foto-Sammlung
Arnold Linke, Celle, zur Verfügung.

rowohlts bild-mono-graphien

ro ro ro
bildmono graphien

Herausgegeben von Kurt und Beate Kusenberg Jeder Band mit etwa 70 Abbildungen, Zeittafel, Bibliographie und Namenregister.

Betrifft: Kunst Theater Film

Kunst

Theater/Film